Bobbi Linkemer

Der professionelle Umgang mit schwierigen Menschen

Aus dem Englischen
übertragen von Jürgen Schilling

Die Deutsche Bibliothek – CIP-Einheitsaufnahme

Linkemer, Bobbi:
Der professionelle Umgang mit schwierigen Menschen /
Bobbi Linkemer. Aus dem Engl. übers. von Jürgen Schilling. -
Landsberg am Lech : mvg, 2000
  (Workline)
  Einheitssacht.: Dealing with difficult people >dt.<
  ISBN 3-478-86003-2

Gesamtgestaltung: Karin Büchner, München
Umschlagabbildung: Gettyone-stone: Tony Latham/Bruce Ayres
Satz: Fotosatz H. Buck, Kumhausen
Druck- und Bindearbeiten: Himmer GmbH, Augsburg
Printed in Germany 86003/700502
ISBN 3-478-86003-2

Inhalt

Was heißt hier schwierig?

Weshalb verhalten sich Menschen so?

Welche Strategien können Sie anwenden

1

Veränderung am Arbeitsplatz

Persönliche Probleme

Unterschiedliche Persönlichkeiten

Selbstmanagement

Wer ist eigentlich schwierig?

Weshalb Menschen manchmal Schwierigkeiten im Umgang miteinander haben:

Immer schnellere Veränderung

Fehlende Höflichkeit

Erhöhte Anforderungen am Arbeitsplatz

Langweilige Jobs

Stressige Jobs

Persönliche Probleme

Zynismus

Ganz egal, wohin man geht, überall trifft man auf »schwierige Menschen«. Aber natürlich handelt es sich meistens nur aus Sicht des Betrachters um schwierige Menschen, und der Betreffende könnte umgekehrt unter Umständen auch Ihnen dieses Etikett verpassen. Wenn man so jemandem aber nicht gerade zu Hause begegnet, kann man in den meisten Fällen die Flucht ergreifen, so bald es einem zu viel wird. Aber am Arbeitsplatz gibt es häufig keinen Ausweg; man muss ausharren und sich der Situation stellen.

Mit manchen Leuten ist die Arbeit ein Genuss. Man kommt gut mit ihnen zurecht, die Zusammenarbeit ist angenehm, und sie verhalten sich nett und kollegial. Anderen steht man neutral gegenüber, und wieder andere können einem mit einer einzigen Bemerkung den ganzen Tag vermiesen. Sie erscheinen einem unsympathisch, man empfindet sie als abweisend, oder sie verhalten sich völlig unkommunikativ – kurz: schwierig.

Ansichtssache

Schwierig soll heißen: Der Umgang mit ihm oder ihr fällt nicht leicht; er oder sie ist nicht leicht zu verstehen bzw. zu überzeugen. Aber die Überzeugung, jemand sei ein »schwieriger Mensch«, ist immer Ansichtssache. Vielleicht fällt es Ihnen schwer, einen bestimmten Kollegen zu verstehen oder mit ihm umzugehen, ein anderer Mitarbeiter dagegen hält ihn für kooperativ und umgänglich. Beide Ansichten mögen richtig sein, denn Ihre jeweiligen Erfahrungen mit dem Kollegen basieren auf Ihrer jeweils eigenen Wahrnehmung. Und die wird zunächst auch noch durch die individuelle Sinneswahrnehmung und die persönliche Vergangenheit gefiltert. Jeder sieht die Welt auf seine ganz persönliche Weise, und es ist daher nur logisch, dass andere Menschen die Dinge anders sehen.

Der schwierige Mensch

Es gibt Menschen, mit denen kaum jemand zurechtkommt. Wenn fast alle Mitglieder im Team jemanden für unangenehm, unkooperativ, unfair oder angriffslustig halten, kann man wohl mit Fug und Recht davon ausgehen, es mit einem wirklich »schwierigen Menschen« zu tun zu haben.

Schwierige Menschen sind kein Hirngespinst. Der Umgang mit ihnen erfordert enorm viel Geduld – und manchmal sind sie uns ein Rätsel. Egal, ob sie uns schon immer Schwierigkeiten machen oder erst neuerdings: Es hat durchaus seine Gründe, dass sie uns ein Dorn im Auge sind. Und wenn wir wissen, weshalb ein Mensch so schwierig ist, dann fällt es uns wahrscheinlich auch leichter, richtig mit ihm umzugehen.

Weshalb verhalten Menschen sich so?

Das Verhalten eines Kollegen, das Ihnen so viele Schwierigkeiten bereitet, kann viele Gründe haben. Meistens ist es sehr hilfreich, sie zu kennen. Hier einige allgemeine Gründe, die häufig eine Rolle spielen:

Veränderung

Wenn die Umstände, in denen Menschen sich befinden, sich dauernd ändern, kann eine Neuorientierung schwer fallen. Die bekannte Umgebung hat sich zum Beispiel völlig verändert, und das alte Know-how ist nicht mehr anwendbar. Wenn sich Menschen auf unbekanntem Gebiet befinden und mit Technologien oder Verfahren konfrontiert werden, die sie nicht verstehen, dann ist es wahrscheinlich, dass sie nervös reagieren, und es macht wenig Spaß, mit ihnen zusammen zu sein. Es gibt nur wenige, die den Wandel lieben und dem Unbekannten mit offenen Armen begegnen. Die meisten geraten ein wenig aus dem Gleichgewicht, sind verunsichert und empfinden sich als unfähig, bis sie die neue Maschine oder das neue Verfahren gemeistert haben. In solchen Zeiten können manche Leute im Umgang schwieriger sein als gewöhnlich.

Mangel an Höflichkeit?

Manchmal kommt es einem so vor, als wäre der zunehmende Mangel an Höflichkeit eine der wichtigsten Veränderungen in unserer Gesellschaft. Scheinbar gehören Worte – wie beispielsweise »bitte« und »danke« – heutzutage bei vielen nicht mehr zum allgemeinen Wortschatz.

Und leider könnte das auch für einige Ihrer Kollegen gelten. Wenn fast jede Aufgabe dringend zu erledigen oder gar überfällig ist und das Management dauernd neue Anforderungen stellt, dann ist Höflichkeit meistens das erste Opfer. Höflichkeit und soziales Verhalten werden nicht angeboren, sondern erlernt, zuerst zu Hause, dann in der Schule oder Kirche, und von Menschen, die uns ein Vorbild sind. Wir lernen, wie wir uns zu verhalten haben, anhand von konkreten Beispielen in bestimmten Situationen, und indem eventuelles Fehlverhalten korrigiert wird.

Der Autor und Zukunftsforscher Alvin Toffler prägte 1970 den Begriff »Zukunftsschock«, um einen Zustand von Stress und Orientierungslosigkeit zu charakterisieren; Menschen, die mit dem zunehmenden Wandel nicht mehr umgehen können, leiden darunter.

DER SIEGESZUG DER BÜROTECHNIK

Die elektrische Schreibmaschine war ein höchst modernes Gerät, als sie auf den Markt gebracht wurde. Als später die ersten Text verarbeitenden Systeme auf den Markt kamen, fürchteten viele Sekretärinnen um ihren Job, und es fiel ihnen schwer zu lernen, mit diesen Maschinen umzugehen. Dann wurde die Arbeitswelt mit Computern überflutet und wandelte sich grundlegend – ein neuer Anlass für Unsicherheit. Die meisten Leute gewöhnten sich daran und lernten, Computer effektiv zu nutzen. Allerdings hatten es nun viele Manager und höhere Angestellte schwer, ihre Termine auf diesen Geräten im Griff zu behalten, ihre E-Mail zu beantworten und tippen zu lernen.

In unserer zunehmend komplexen Welt haben Menschen u.a. mit folgenden Beeinträchtigungen zu kämpfen:

Konflikte im privaten Bereich

Drogenmissbrauch

Betreuung der Kinder oder Fürsorge für die Eltern

Juristische Schwierigkeiten

Finanzielle Probleme

Zunehmende Komplexität am Arbeitsplatz

Wenn man die heutige Arbeitswelt betrachtet, dann fällt sofort auf, dass sich dort sehr unterschiedliche Leute tummeln. Das liegt unter anderem an der weltweit zunehmenden Mobilität der Arbeitnehmer und an der größeren Chancengleichheit. Kennzeichnend für die moderne Arbeits- und Geschäftswelt ist ihre erstaunliche Vielfalt. Sie werden wahrscheinlich mit den unterschiedlichsten Leuten zusammenarbeiten, mit älteren und jüngeren, mit Behinderten und Menschen aus verschiedenen Kulturen.

Das Unbekannte kann einen ziemlich nervös machen, insbesondere wenn man zusätzlich mit Sprachbarrieren, unterschiedlichen Arbeitsweisen und Persönlichkeiten zu tun hat.

Schubladen-Denken und Vorurteile sind – leider Gottes – Realität. Manche Menschen fürchten sich vor Leuten, die sie nicht verstehen oder die »anders« sind. Solche Gefühle sind ein guter Nährboden für Vorurteile, Unhöflichkeit und Intoleranz. Die Bezeichnung »schwierig« wäre hier wohl eher eine Untertreibung.

Langweilige Jobs, stressige Jobs

Manchmal heißt es, die meisten Menschen lebten in stiller Verzweiflung. Nichts lässt einen schneller verzweifeln als ein langweiliger Job, insbesondere wenn man überqualifiziert ist. Gedanken wie: »Jeden Tag das Gleiche ... Ich verdiene etwas Besseres ... Niemand sagt jemals ‚vielen Dank!' oder ‚gute Arbeit!'... Meine Leistungen werden nicht anerkannt, ich könnte genauso gut unsichtbar sein«, kommen nicht nur häufig vor, sondern sind meistens auch gerechtfertigt. Menschen, die niemand schätzt, weil sie unwichtig sind, und die sich unter ihrem Wert verkaufen, sind häufig schlecht gelaunt. Wenn Arbeitnehmer das Gefühl plagt, sie vergeudeten den besten Teil ihres Lebens, dann fehlt es meistens an gegenseitiger Rücksichtnahme oder einer guten Ausstattung ihres Arbeitsplatzes.

Das Gegenteil eines langweilige Jobs ist ein stressiger Job. Im ersten Fall ziehen sich die Stunden ewig hin, im zweiten scheinen sie wie im Flug zu verstreichen. Man hat nie genügend Zeit, um all seine Aufgaben zu erledigen, muss unmöglichen Fristen gerecht werden, sich nach den Prioritäten anderer richten, Verantwortung tragen, ohne die entsprechende Autorität zu haben, muss immer mehr mit immer weniger tun, doppelte Arbeit verrichten, weil entlassene Arbeitnehmer nicht mehr ersetzt werden, muss sich mit einem generalstabsmäßigen Managementstil auseinandersetzen, dem Mangel an Kommunikation oder Orientierung und mit zahllosen anderen stressigen Umständen, die einen auslaugen und den Adrenalin-Haushalt durcheinander bringen. Wenn man den Kampf- oder Fluchtreflex zu oft beansprucht, hört er einfach auf. Stress kann uns umbringen. Dafür gibt es inzwischen so viele Beweise, dass niemand daran zweifelt. Es gibt keine ernsthafte Erkrankung, die nicht mit Stress zusammenhängt, von der Grippe bis hin zum Krebs. Wenn man Leute zu hart bedrängt, reagiert der ganze Organismus – meistens mit einem geistigen oder körperlichen Zusammenbruch. Man wird krank, depressiv, rücksichtslos, verrückt, man wird »schwierig«.

Private Probleme

Das Leben lässt sich nicht fein säuberlich in verschiedene Schubladen aufteilen. Wir nehmen die Arbeit mit nach Hause und unser Privatleben mit zur Arbeit. Oft führen Probleme, die nichts mit der Arbeit zu tun haben, zu schwierigem Verhalten am Arbeitsplatz. Menschen werden mit unzähligen persönlichen Problemen konfrontiert, und das hinterlässt Spuren in der Persönlichkeit und den Beziehungen. Private Probleme verlangen enorm viel Aufmerksamkeit, behindern die Konzentration, senken die Produktivität und führen zu Problemen in Arbeitsbeziehungen.

Zynismus

Es ist schon einige Zeit her, da hatten Arbeitgeber und Arbeitnehmer noch ein eher ungebrochenes Verhältnis zueinander – sie hatten eine ungeschriebene Abmachung, gemäß der der Arbeitnehmer seine Loyalität und harte Arbeit gegen den Schutz und die Sicherheit eintauschte, die der Arbeitgeber ihm bot.

Die Zeiten haben sich jedoch geändert. Die ungeschriebene Abmachung ist obsolet. Heute können und wollen viele Leute den Job öfter wechseln, und auch die Firmen tauschen ihre Mitarbeiter häufiger aus. Auch das ist ein Grund dafür, dass sich Zynismus in der Arbeitnehmerschaft breit macht.

Zyniker sind desillusioniert und geben sich verschlossen. Sie sehen an Situationen und Menschen nur die schlechten Seiten. Sie glauben, dass alle Menschen egoistisch sind und nur an sich selber denken. Zynismus kann aus einem Mangel an Sicherheit erwachsen oder aus der Auffassung, dass es bei der Arbeit nur ums Geldverdienen gehe, dass sie sinnlos sei und einen nicht fordere. Zyniker sind selten freundliche oder fröhliche Teamspieler. Ihr Haltung drückt aus: »Ach wirklich? Das muss erst noch bewiesen werden.« Diese Einstellung spiegelt sich natürlich im alltäglichen Verhalten, insbesondere am Arbeitsplatz wider.

GRÜNDE FÜR ABNORMES VERHALTEN:

Man hat einen schlechten Tag

Krankheit

Der Persönlichkeitstyp

Ein schlechter Leistungsnachweis

Depression

Probleme daheim

Man wurde bei einer Beförderung übergangen

Scheidung

Persönlichkeitstypen

Menschen reagieren auf vergleichbare Situationen unterschiedlich, nämlich auf die ihnen eigene und einzigartige Weise. Während der eine wütend wird und sich aus dem Staub macht, verteidigt ein anderer vehement seine Position. Ein und dieselbe Situation kann zu Tränen, zu Gelächter, zu einem Wutausbruch, zu Stillschweigen oder zu Sarkasmus führen. An einem Tag reagiert man so und am nächsten ganz anders. Dafür gibt es immer Gründe.

Verhaltensmodelle

Der Wunsch, das menschliche Verhalten zu verstehen, hat zur Entwicklung von Verhaltensmodellen geführt – zum Versuch, die unterschiedlichen Verhaltensweisen zu kategorisieren. Dahinter steht die Theorie, dass man sein Verhalten anpassen kann, wenn man versteht, warum man sich so verhält, wie man es tut.

Dabei gehen die unterschiedlichen Modelle natürlich von eigenen Voraussetzungen aus. So basiert ein bestimmtes Modell beispielsweise auf dem kognitiven Stil – auf der Art und Weise, wie Menschen über ihre Probleme nachdenken und sie zu lösen versuchen. Ein anderes Modell misst die Art und Weise, wie man sich Aufgaben und Menschen widmet.

Man sollte jedoch immer bedenken, dass es sich bei diesen Modellen um Verhaltenstypologien, und nicht um Menschen handelt. Bewertet man die Menschen anstelle ihres Verhaltens, dann steckt man sie in eine Schublade, und das wäre eine destruktive Denkweise.

DER TYPEN-INDIKATOR NACH MYERS-BRIGGS (MBTI)

Der *Typologische Indikator nach Myers-Briggs* (MBTI) ist ein weit verbreitetes Modell, welches das menschliche Verhalten in vier Typen einteilt, nämlich den introvertierten, den intuitiven, den gefühlsmäßigen und den urteilenden (I, N, G und U), den man jeweils mit den anderen kombinieren kann. Wenn man die vier Verhaltenscharakteristika misst und in einer Grafik einzeichnet, erhält man das dominante Verhaltensmuster einer Person.

- Der **introvertierte** Typ hat eine bessere Verbindung zu seiner Innenwelt als zur Außenwelt.
- Der **intuitive** Typ richtete seine Aufmerksamkeit auf seine Möglichkeiten und Beziehungen und nicht so sehr auf den Umgang mit realen Gegebenheiten.
- Der **gefühlsmäßige** Typ neigt dazu, seine Urteile auf der Basis persönlicher Werte zu fällen und die Analyse und Logik zu vernachlässigen.
- Der **urteilende** Typ pflegt einen geordneten Lebensstil und ist weniger flexibel und spontan.

Verhalten in Schubladen stecken

Das hier dargestellte Modell ordnet das menschliche Verhalten auf der Basis von dominanten und passiven Neigungen in vier Kategorien ein, je nachdem ob man an anderen interessiert ist oder Gleichgültigkeit empfindet. Ihr Verhalten passt zu einer dieser Kategorien, wenn Sie sich hier wiedererkennen.

PROAKTIV (DOMINANT) + NICHT FÜRSORGLICH

Als proaktiver, dominanter und gleichgültig gesinnter Mensch haben Sie das Bedürfnis, die Kontrolle zu übernehmen, die Situation in den Griff zu bekommen, das Lob einzuheimsen und die Huldigungen entgegenzunehmen. Weder vertrauen Sie anderen, noch kümmert es Sie, wie es ihnen geht. Egal was Sie tun müssen, um an Ihr Ziel zu gelangen – Sie tun es. Sie regen sich schnell auf und bedienen sich manchmal Ihrer Wut als Waffe.

PROAKTIV (ENTSCHLUSS-KRÄFTIG) + FÜRSORGLICH

Proaktiv, entschlusskräftig und an anderen interessiert übernehmen Sie gern die Führung, treffen problemlos schwierige Entscheidungen, verteilen das Lob auf andere und haben die Situation, und nicht die Leute im Griff. Sie hören auf Feed-back und Vorschläge, tun letztlich aber immer das, was Sie für richtig halten. Sie denken nicht im Traum daran, die Position anderer zu schwächen, und machen ihnen das Leben so leicht wie möglich.

REAKTIV (PASSIV) + NICHT FÜRSORGLICH

Reaktiv, passiv und ohne viel Vertrauen in oder Achtung für andere gehen Sie jeglicher Verantwortung aus dem Weg und meiden das Rampenlicht. Sie behalten Ihre Gedanken und Gefühle für sich und geben sich mit dem zufrieden, was man Ihnen gibt, auch wenn es Ihnen nicht gefällt und Sie das insgeheim auf die Palme bringt. Sie ziehen sich lieber beleidigt zurück, als sich mit der Sache oder Person zu konfrontieren.

REAKTIV (UNSCHLÜSSIG) + FÜRSORGLICH

Reaktiv, unschlüssig, aber warm und freundlich gehen Sie Entscheidungen aus dem Weg, verärgern andere lieber nicht, ergreifen keine Initiative und meiden das Rampenlicht. Am liebsten spielen Sie im Team und wollen von anderen (Kollegen, Untergebenen oder Vorgesetzten) gemocht werden, dabei überlassen Sie ihnen gerne das Rampenlicht und das Lob. Sie werden selten wütend, sind jedoch leicht zu verletzen.

Waren Sie jemals über das Verhalten eines Menschen erstaunt? Vielleicht fragten Sie sich:

Was war denn das?

Was habe ich getan, um sie so wütend zu machen?

Was ist heute mit dem Chef los?

Weshalb hat mein Kollege mich gerade angefaucht?

Weshalb redet der Mann aus dem Nachbarbüro nie mit mir?

Warum kann mein Büronachbar nicht mal den Mund halten?

Wie bekommt man die Lage in den Griff?

Was soll man sagen?

Sind Fragen hilfreich?

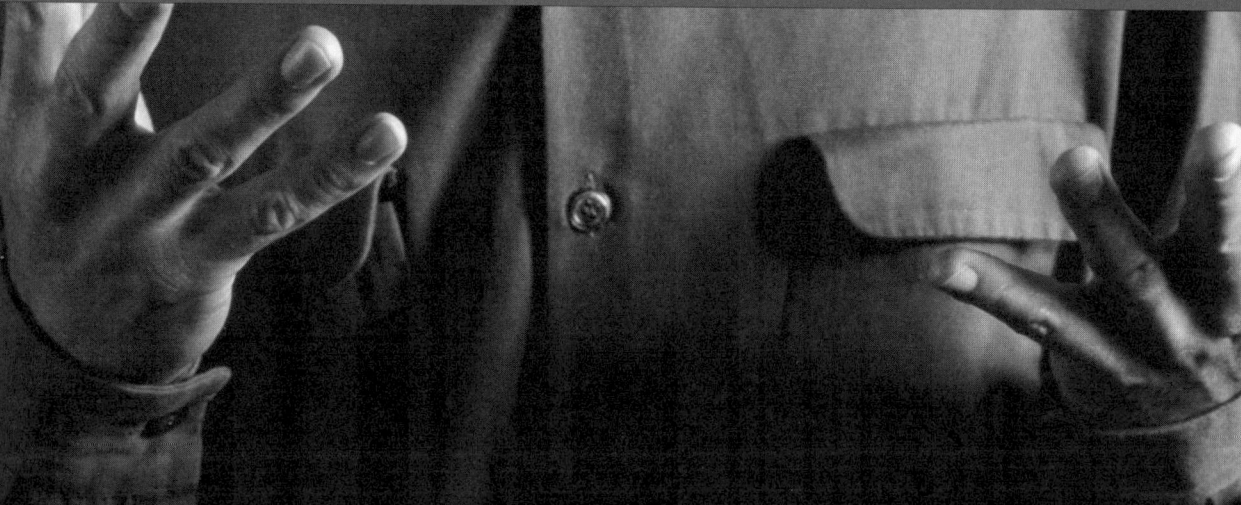

2

Es ist nicht persönlich gemeint
In seiner Mitte bleiben
Entscheiden, wie man reagieren will
Konfliktlösungstechniken

Nicht Sie sind gemeint

**WORAN MAN
SICH IN
SCHWIERIGEN
SITUATIONEN
ERINNERN
SOLLTE:**

**»Ich bin nicht
persönlich ge-
meint.«**

**»Ich kann ruhig
bleiben.«**

**»Das können
wir lösen.«**

Wenn Sie es mit einer schwierigen Person zu tun haben, sollten Sie immer bedenken, um wessen Problem es sich handelt – nicht um Ihres!

Egal was los ist, man sollte immer daran denken: »Ich bin nicht persönlich gemeint.« Und damit haben Sie Recht. Denken Sie immer wieder an diesen Satz und machen Sie ihn zum Mantra, ganz besonders im Streit, bei Enttäuschungen und in anderen unangenehmen Situationen, die von anderen ausgelöst werden.

Der Stress – ein Beispiel

Mal angenommen, Ihre Chefin ist wütend. Sie schreit Sie an und beschuldigt Sie, dass Sie etwas getan hätten, das ihr große Probleme bereitet. Sie fühlen sich unter Druck gesetzt, strapaziert und in Verlegenheit gebracht. Das Donnerwetter hat Sie kalt erwischt, und Sie würden sich am liebsten wehren oder flüchten. Vielleicht glauben Sie jedoch auch, dass Ihnen tatsächlich ein Fehler unterlaufen ist oder Sie etwas falsch durchgeführt haben. Aber es handelt sich dennoch nicht um Ihren Fehler. Denken Sie an das Mantra. Bedenken Sie, dass Sie nicht persönlich gemeint sind – es geht um die Chefin. Auch, wenn sich herausstellen sollte, dass Sie einen Fehler gemacht haben, geht es in dieser Situation um ihre Reaktion, ihre Wut und ihre harten Worte. Obwohl sie Sie zur Ursache und zum Empfänger des Problems erklärt hat, ist und bleibt es doch ihr eigenes.

Was steht dahinter?

Der Wutausbruch Ihrer Chefin kann eine Menge Gründe haben, die nichts mit einem Fehler oder gar mit der Arbeit zu tun haben. Vielleicht hat sie ein persönliches Problem mitgebracht, und das ist der eigentliche Grund für den Wutausbruch. Niemand – außer Ihrer Vorgesetzten – kann wissen, was hinter ihrer Reaktion steht. Vielleicht weiß sie es selber nicht.

Wut ist eine Entscheidung

Auch wenn Sie als Auslöser gedient haben, ist die Frage durchaus berechtigt: War der Wutausbruch die einzige Art und Weise, wie Ihre Chefin in diesem Zusammenhang reagieren konnte? Sicherlich nicht. Ein anderer Vorgesetzter wäre auf das Thema möglicherweise gar nicht eingegangen. Oder an einem besseren Tag hätte Ihre Chefin die Angelegenheit ruhig und vernünftig mit Ihnen besprochen. Sie hätte also ganz anders reagieren können. Aber sie entschied sich – bewusst oder unbewusst – wütend zu werden. Wie man das Ganze auch kehrt und wendet, es geht bei alledem schlichtweg nicht um Sie, sondern um Ihre Chefin!

In der Mitte bleiben

In der Mitte zu bleiben bedeutet, widerstandsfähig, ruhig und am Boden zu bleiben – sich selbst im Griff zu haben, sich zurückhalten und beherrschen zu können. Es setzt voraus, dass man in Berührung mit seinem inneren Kern steht und weiß, wer man ist, und dass man sein Fähnchen in schwierigen Zeiten oder unangenehmen Umständen nicht gleich in den Wind hängt. Das mag ein bisschen abstrakt klingen, ist aber ein wertvolles Konzept.

Man vergisst den inneren Kern schnell. Wenn Schwierigkeiten auftreten oder die Seele in Aufruhr ist, kann man den Kontakt leicht verlieren und sich dazu hinreißen lassen, aus der Haut zu fahren und ganz anders zu sein, als man eigentlich ist.

Die eigene Mitte verlieren

Stellen Sie sich folgende Situation vor: Sie mögen Ihre Kollegen und diese mögen Sie anscheinend auch. Niemand hält Sie für »schwierig« – Sie selber schon gar nicht. Aber eines Tages sind Sie plötzlich mitten in einer hitzigen Debatte mit einem Kollegen aus einer anderen Abteilung. Ganz egal, was Sie sagen und wie, er hört Ihnen nicht zu. Statt an einem Dialog nehmen sie an einer Abfolge von Monologen teil: Erst redet einer und dann der andere, aber Sie reden völlig aneinander vorbei. Sowie Sie ihm eine Antwort geben wollen, geht er schon wieder zum nächsten Thema über. Der Ton wird immer schärfer, und der Geräuschpegel steigt – Ihre Wut wächst ... Plötzlich hören Sie sich schreien.

Sie haben Recht: Ihr Kollege hat als erster geschrien, aber Sie schreien ihn nun selbst an. Sie sind von sich entsetzt. »Was ist das nur für ein Mensch?«, fragen Sie sich, »Was ist mit mir los?« Nun – Sie haben Ihre Mitte verloren. Sie sind vom Kurs abgekommen und haben vergessen, wer Sie im Kern sind. Sie haben sich von einer Spirale aus Fehlverhalten und Frustration mitreißen lassen. Sie werden durchgeschüttelt wie ein Baum im Wind, aber im Gegensatz zu diesem haben Sie sich gewehrt ...

Sie hätten auch einen Schritt zurücktun und den Sturm einfach beobachten können, hätten zuschauen können, wie er sich aufbaut und immer stärker wird. Sie hätten Zeuge sein können statt Beteiligter am Streit. Oder Sie hätten sich daran erinnern können, was Sie von sich wissen: dass Sie nämlich ein vernünftiger, kluger, flexibler, eifriger, sympathischer und offener Mensch sind. Sie hätten sich weigern können, weiter an dieser fruchtlosen Diskussion teilzunehmen und einen neuen Anfang oder eine Pause vorschlagen können. Bei alledem wären Sie sich selbst treu geblieben und nicht zu jemandem geworden, der schreien muss, damit er Gehör findet.

SEIN WIE EIN BAUM

Ein Baum ist immer in seiner Mitte – die Jahreszeiten kommen und gehen, der Wind säuselt durch seine Äste und Zweige oder zerrt daran, die Sonne wärmt sie, das Eis zieht an ihnen – aber bei alledem bleibt der Baum einfach stehen, nimmt die Dinge, wie sie kommen, und bleibt sich selbst treu. Und während all das im Gange ist, wächst er, und gedeiht.

Seine Reaktion wählen

**SEIN WETTER
MITNEHMEN**

**Der Bestseller-
Autor und Ma-
nagement-Bera-
ter Stephen
Covey sagt, dass
proaktive Men-
schen immer ihr
eigenes Wetter
mit sich herum-
tragen. Egal in
welcher Umge-
bung sie sich
befinden, sie
entscheiden im-
mer selber, wie
sie auf ihre Um-
welt und die
Umstände rea-
gieren.**

Man kann in einer Situation entweder proaktiv oder reaktiv reagieren. Das heißt, man reagiert entweder spontan oder reflexhaft auf das Geschehen, oder aber man nimmt sich den Bruchteil einer Sekunde Zeit und entscheidet bewusst, was man jetzt macht. Also entweder geht die Situation mit Ihnen um oder Sie mit der Situation.

Proaktive Menschen sind meistens mit ihrer Mitte in Berührung. Wenn man weiß, wer man ist und was einem wichtig ist, wird man von Situationen oder Menschen, die sich der eigenen Kontrolle entziehen, nicht mehr so leicht aus der Bahn geworfen.

Reaktive Menschen leben von außen nach innen. Sie werden vom Wetter, der Einstellung und dem Verhalten anderer und von den endlosen Reizen des Lebens beeinflusst. Proaktive Menschen hingegen leben von innen nach außen und wählen die eigene Reaktion bewusst. Es ist keine Übertreibung zu sagen, dass man letztlich immer selbst entscheidet, wie man auf eine bestimmte Situation reagiert. Es gibt zahllose Beispiele von Menschen, die in scheinbar ausweglosen Situationen genau das bewiesen haben.

Eine inspirierende Geschichte

Beweise für diese Behauptung lassen sich in Victor Frankls Buch *Man's Search*

for Meaning finden. Das Buch hat im Laufe der Jahre Millionen beeinflusst und inspiriert. Victor Frankl, ein jüdisch-deutscher Psychiater, berichtet darin von seiner Gefangenschaft in einem Konzentrationslager während des Zweiten Weltkrieges. Fast all seine Familienmitglieder sind im Lager gestorben, und er wusste nie, ob er den nächsten Tag noch erleben würde. Er musste mit ansehen, wie Leute gefoltert wurden, verhungerten und elend zugrunde gingen. Er musste all das Leid und die Erniedrigung erfahren, deren ein Mensch nur fähig ist. Und dennoch schaffte er es.

Als ihm nichts mehr geblieben war – keine Würde, keine Hoffnung zu überleben, kein Grund weiterzumachen – weckte Frankl das, was er später »die letzte der menschlichen Freiheiten« nannte: das Recht, selber zu entscheiden, wie er sich unter diesen Umständen verhalten würde. Er übernahm Verantwortung für sein eigenes Handeln, fällte selbst die Entscheidung, statt sie von den Umständen fällen zu lassen. Wenn Victor Frankl das in einem Konzentrationslager konnte, dann sollte man das am Arbeitsplatz auch schaffen.

Sind Sie proaktiv oder reaktiv?

Schreiben Sie neben die Aussagen die Punktzahl, die kennzeichnet, ob Sie sich unter den genannten Umständen immer (5), oft (4), manchmal (3), selten (2) oder nie (1) auf die erwähnte Art und Weise verhalten. Zählen Sie anschließend Ihre Punkte zusammen.

Aussage
• Wenn mein Chef mich in der Öffentlichkeit kritisiert, höre ich ihm ruhig zu und bitte ihn, das Gespräch privat fortzusetzen.
• Wenn ich gerade mit etwas beschäftigt bin, und ein Kollege kommt zum Plaudern zu mir, dann erkläre ich ihm, dass ich jetzt zu beschäftigt bin und schlage vor, später miteinander zu reden.
• Wenn es schwer ist, bestimmte Informationen aus einem Kollegen herauszukitzeln, weise ich auf die Vorteile hin, die es hätte, wenn er meiner Bitte entsprechen würde.
• Wenn ein Kollege ungewöhnlich schnippisch ist, suche ich nach Hinweisen für das eigentliche Problem oder frage taktvoll, was los ist.
• Besonders an meinen schlechten Tagen achte ich darauf, nachzudenken, bevor ich etwas sage.
• Wenn andere sich streiten, mische ich mich nicht ein.
• Wenn jemand sehr emotional reagiert, akzeptiere ich diese Gefühle, urteile jedoch nicht darüber, ob sie jetzt angebracht sind oder nicht.
• Wenn mir bewusst wird, dass meine Wut wächst oder dass ich mich verteidigen will, akzeptiere ich diese Gefühle und sage, dass ich ein wenig Zeit brauche, um in Ruhe darüber nachzudenken.

AUSWERTUNG

8 bis 18   Es fällt Ihnen leicht, kurz innezuhalten und nachzudenken, bevor Sie reagieren, und die Verantwortung für Ihre Reaktionen und Ihr Verhalten zu übernehmen. Der Trick: es sich zur Gewohnheit zu machen.

19 bis 29   Manchmal agieren Sie, statt zu reagieren, und manchmal handeln Sie, ohne vorher nachgedacht zu haben. Mit Hilfe dieses Kapitels können Sie Ihr Handeln proaktiver gestalten.

30 bis 40   Sie neigen dazu, aus der Hüfte zu schießen, erst zu handeln und dann zu denken. Versuchen Sie, bis 10 zu zählen, zu entscheiden, was das Beste ist, und es dann ruhigeren Herzens zu tun.

Stellen Sie Fragen

**VERSTÄNDNIS-
LÜCKE**

**Zwischen dem,
was man sagt,
und dem, was
der andere hört,
klafft häufig ei-
ne Lücke. Mit
Fragen über-
brückt man sie.**

Beim Umgang mit schwierigen Menschen muss man zweifellos die Kunst beherrschen, die richtigen Fragen zu stellen. Fragen sind ein machtvolles Kommunikationsinstrument und im Allgemeinen reagieren Menschen weit besser auf Fragen als auf Feststellungen und Behauptungen. Eine Feststellung oder Behauptung ist leicht zu ignorieren, stellt man aber eine Frage, dann erhält man sofort Aufmerksamkeit. Menschen reden nun einmal gerne über sich – was sie denken, fühlen und meinen. Eine einfache Frage kann eine wahre Sintflut an Worten nach sich ziehen, was einem auf jeden Fall genügend Zeit gibt, sich wieder seiner Mitte zu entsinnen und sich bewusst für eine Reaktion zu entscheiden. Wenn man Fragen stellt, erhält man häufig auch Informationen, die einem den optimalen Umgang mit der Person und Situation ermöglichen.

Überzeugen

Fragen können Menschen dazu bringen, genau das zu tun, was man von ihnen möchte. Mal angenommen, Ihnen schwebt ein neues, garantiert effektives Verfahren vor. Wenn Sie es Ihrer Vorgesetzten präsentieren, wird sie womöglich wenig Begeisterung dafür aufbringen; würden Sie jedoch folgende Frage stellen: »Wie könnte dieses Verfahren Ihrer Ansicht nach die Effektivität der Abteilung positiv beeinflussen?« oder »Haben Sie eine Ahnung, wie wir unseren Chef davon überzeugen könnten?«, dann wäre es nicht erstaunlich, wenn Ihre Vorgesetze nicht nur das Verfahren befürworten, sondern auch das Lob einheimsen würde.

Verständnis

Mit Fragen – oder Aussagen, die als Fragen verkleidet sind – zeigen Sie, dass Sie interessiert sind, und verstehen die

DIE MACHT DER FRAGEN

Mit Fragen kann man erstaunliche Dinge erreichen, beispielsweise:

- jemand dazu bringen, genau das zu tun, was man von ihm möchte;
- die Botschaft und die Bedeutung einer Aussage verstehen;
- herausfinden, ob es stimmt, was man gehört, gesehen oder empfunden hat;
- hervorheben, wie sehr man an etwas interessiert ist;
- das Eis brechen;
- eigene Ideen aussäen;
- Menschen motivieren;
- Anweisungen klären;
- Probleme lösen;
- Nervosität abmildern;
- Widerstände überwinden;
- die Fehlerquote senken oder Fehler ganz vermeiden;
- eine gespannte Situation entschärfen;
- verschwommene Gedanken klären – bei sich oder anderen;
- der Kritik den Stachel nehmen;
- fast jede Situation in den Griff bekommen.

Botschaft und ihre Bedeutung besser. Hinsichtlich der Botschaft stellen Sie Ihr Verständnis des bisher Gesagten noch einmal auf die Probe: »Wenn ich Ihre Reaktionen auf meinen Vorschlag richtig verstanden habe, glauben Sie nicht, dass das in unserem Team funktioniert, und würden gerne noch ein paar andere Vorschläge hören. Habe ich Sie da richtig verstanden?«

Und weil es um die Bedeutung der Botschaft geht, ist ein Feed-back der Gefühle und nonverbalen Hinweise wichtig, die Ihre Vorgesetzte geäußert haben mag. Überprüfen Sie also auch in dieser Hinsicht Ihre Wahrnehmung: »Ich sehe, dass Sie das nicht glücklich stimmt. Irgendetwas regt Sie auf. Stimmt das?« Fragen können helfen, Instruktionen zu klären, das bisher Gesagte zu überprüfen, Fehler zu verhindern und Missverständnisse aufzuklären.

Besänftigung

Mit Fragen kann man in heiklen Situationen die Wogen wieder glätten, weil man damit die Fakten noch einmal rekapituliert und allen Beteiligten die Gelegenheit bietet, ihre Meinung dazu zu äußern.

Wenn jemand aufgeregt oder wütend ist, hilft es meistens nicht zu sagen: »Beruhigen Sie sich. Wir wollen doch keine große Sache daraus machen.« Dass die betreffende Person aufgeregt ist, bedeutet, dass es eine große Sache für sie ist. Stellt man ihr aber eine der folgenden Fragen: »Diese Situation gefällt Ihnen offenbar nicht. Können Sie mir sagen warum?« oder: »Wollen Sie darüber reden?« oder: »Kann ich Ihnen irgendwie helfen?«, dann gibt man ihr die Gelegenheit zu sagen, was sie sagen möchte, oder etwas loszuwerden, was Sie schon immer loswerden wollte. Mit einer Frage signalisieren Sie Ihr Interesse, und dass Sie Ihrem Gegenüber zuhören.

Kritik

Es ist immer schwer, mit Kritik umzugehen, egal, wie sie geäußert wird. Man läuft immer Gefahr, Leute in die Defensive zu drängen oder sie zu verletzen. Stellt man aber eine Frage wie die folgende, dann klingt das nicht nach Kritik: »Was wäre nötig, damit Sie solche Aufträge in Zukunft besser erledigen können?« Wenn Sie einen Auftrag erteilt haben und die Frist bereits abgelaufen ist, dann könnten Sie beispielsweise fragen: »Sieht so aus, als hätten Sie alle Hände voll zu tun. Wie lauten Ihre Prioritäten und was kann ich tun, damit Sie Ihre Aufträge rechtzeitig erledigen können?«

Selbstbewusste Kommunikation

Wenn man sich selbstbewusst äußert, sorgt man dafür, dass die eigene Meinung vernommen wird und dass die eigenen Bedürfnisse und Wünsche berücksichtigt werden, ohne dass man dabei andere unter Druck setzen muss. Selbstbewusstes Verhalten beruht auf drei wesentlichen Komponenten:

Man steht für sich ein und sagt, was man glaubt, fühlt oder will.

Man äußert sich direkt, ehrlich und angemessen.

Man nimmt Rücksicht auf sein Gegenüber.

Bekommen, was man verdient

Für viele Menschen ist dies eine neue Art zu kommunizieren. Wir haben – in Schule und Arbeitswelt – immer gelernt, uns vorsichtig auszudrücken, unsere Worte sorgfältig abzuwägen und uns der Konsequenzen von offenen und ehrlichen Worten bewusst zu sein. Vielleicht fragen Sie sich jetzt, wie oft Sie schon in der Situation waren, in der Sie nicht bekommen haben, was Sie verdient hätten – die ersehnte Gehaltserhöhung oder Beförderung, oder dass ein Verkäufer Sie vernünftig und höflich bedient, oder dass Ihr Vorgesetzter Sie nicht so herablassend, sondern als Erwachsenen behandelt. Wie fühlten Sie

sich in diesen Situationen? Wahrscheinlich ziemlich frustriert, und manchmal war es vielleicht der Anfang eines Grolls, den Sie noch eine lange Zeit hegten. Denn schließlich verdient gute Arbeit einen fairen Lohn; Sie verdienen es, höflich bedient und mit dem gebührenden Respekt behandelt zu werden. Wenn Sie sich die Kunst selbstbewusster Kommunikation aneignen, steigern Sie damit auch die Chance, das zu bekommen, was Sie verdienen. Ein weiterer Vorteil, seine Wünsche und Gefühle selbstbewusst zu äußern, also ohne sich dabei zu entschuldigen oder sich und andere in Verlegenheit zu bringen oder anzugreifen, besteht darin, dass die Beziehungen sich verbessern.

Chefs oder Manager, die selbstbewusst auftreten, können Aufgaben, Kritik oder Leistungsbeurteilungen natürlich auch effektiver verteilen. Darüber hinaus werden die Mitarbeiter ihnen gegenüber offener sein und weitaus mehr gewillt, das zu tun, was man von ihnen verlangt.

Passive Reaktionen

Manche Menschen reagieren passiv auf unangenehme Situationen. Aber jeder Konfrontation aus dem Weg zu gehen hat seinen Preis. Wer die Verantwortung nicht wahrnimmt, seine Bedürfnisse zu äußern und Rechte zu schützen, ignoriert seine Gefühle und verliert die Kontrolle über die Situation. Ganz egal, was dabei herauskommt, man verliert – und sei es auch nur die Selbstachtung.

Aggressives Verhalten

Andere gehen in die Offensive, haben die Situation immer unter Kontrolle und wissen ihre Meinung unmittelbar zu vermitteln, aber auch das hat seinen Preis: die Gefühle und Rechte anderer. Man verteidigt seine Position und bekommt wahrscheinlich auch, was man will, aber letztlich verliert man doch, nämlich den Respekt des anderen und möglicherweise eine gute Beziehung.

Wie reagieren?

Ein Beispiel: Man sagte Robert nach, er könne ohne Hilfe keine Aufgabe zu Ende bringen. Es fällt ihm leicht, Kollegen um Hilfe oder gar darum zu bitten, die Sache für ihn zu erledigen. Heute braucht er Informationen, um einen Bericht abzurunden. Hier sind drei mögliche Reaktionen von Kollegen:

Passiv

»Ich versuche gerade selbst einen Bericht abzuschließen, der noch heute fertig werden muss. Ich bin mit Arbeit überladen, aber wenn es dir wirklich hilft, kann ich vielleicht ein paar Minuten frei machen, um dir zu helfen.«

Aggressiv

»Also, du musst dich nur auf der Website der Firma einloggen; dann ein paar

RICHTLINIEN FÜR ASSERTIVITÄT

- Verleihen Sie Ihren Gefühlen Ausdruck, ohne die des Gegenübers zu verletzen.
- Sagen Sie Nein, ohne dabei jemand oder etwas abzuwerten.
- Achten Sie darauf, dass Ihr Gesprächspartner Ihren Standpunkt versteht und akzeptiert.
- Seien Sie, der jeweiligen Situation angemessen, offen und ehrlich; bringen Sie Ihrem Gesprächspartner und sich selbst Respekt entgegen.
- Wählen Sie den richtigen Zeitpunkt für Ihre Worte.
- Achten Sie auf die Kraft Ihrer Worte.
- Berücksichtigen Sie die Beziehung zum Gesprächspartner.
- Wiederholen Sie sich gegebenenfalls.
- Überlassen Sie einen Teil der Kommunikation Ihrer Gestik.
- Geben Sie Ihrem Gesprächspartner die Gelegenheit zu reagieren.

Klicks mit der Maus – und siehe da: Information!«

Selbstbewusst

»Ich verstehe, dass der Bericht dir Schwierigkeiten bereitet, und würde gerne helfen, habe aber heute leider keine Zeit. Die nächsten Stunden braucht mein eigenes Projekt meine ganze Aufmerksamkeit. Aber du dürftest die gewünschte Information auf der Website der Firma finden. Die ist immer auf dem neusten Stand. Versuch's doch einfach mal.«

Verhandeln Sie

MENSCHEN IN BEWEGUNG BRINGEN

»Abgesehen von physischer Gewalt, Einschüchterung, Manipulation, Druck und Erpressung gibt es nur drei Methoden, die man nutzen kann, um Menschen in Bewegung zu bringen«, meint Norbert Aubuchon, Autor von *Anatomy of Persuasion*. Man kann:

ihnen etwas befehlen (als letztes Mittel)

sie überzeugen (die beste Methode)

mit ihnen verhandeln (die wirksamste Methode)

Bei Verhandlungen diskutieren zwei oder mehr Parteien ein Thema mit dem Ziel, eine Einigung zu erreichen, die alle Parteien zufrieden stellt. Dabei sollte keine Partei ihre Position ausnutzen, auch wenn das im Prinzip möglich wäre; kein Verhandlungspartner sollte den anderen manipulieren oder bezwingen wollen, und es darf in solch einem Prozess von keiner Seite verlangt werden, dass sie der anderen ganz nachgibt. Denn Verhandlungen setzen voraus, dass man auf einer Ebene gemeinsame Themen erörtert und durcharbeitet, bis man einen Konsens erlangt hat.

Verhandlungsfähigkeiten erweitern

Die Verhandlungskunst gehört zu den wertvollsten Fähigkeiten, die wir überhaupt entwickeln können. Sie hat – sowohl in der Arbeitswelt als auch im Privatleben – enormen Einfluss darauf, ob man bekommt, was man will. Wer gut verhandeln kann, dem fällt es leichter, seine Bedürfnisse zu befriedigen und weiterzukommen, ohne dabei andere unter Druck zu setzen. Diese Fähigkeit macht einen zum besseren Manager oder Angestellten und – in vielerlei Hinsicht – auch zum besseren Menschen. Und ganz gewiss hilft sie einem, mit »schwierigen Menschen« zurechtzukommen. Nicht zuletzt erscheinen Menschen weniger schwierig, wenn man mit ihnen verhandeln kann.

Die Bedürfnisse des Anderen entdecken

Um effektiv zu verhandeln, muss man wissen, was die andere Partei möchte und braucht. Auch wenn ihr Verhandlungspartner nicht glaubt, dass Sie ehrenwerte Absichten haben und fair sind, oder auch wenn die Verhandlungsumstände die Zusammenarbeit und das gegenseitige Vertrauen behindern, so lässt er die Schilde dennoch sinken, wenn Sie ernsthaft versuchen, zu verstehen, was er braucht, und sich offensichtlich darum kümmern, diesem Bedürfnis gerecht zu werden.

VERHANDLUNGSPRINZIPIEN

- Planen Sie Ihre Strategie.
- Gehen Sie mit positiven Erwartungen in die Verhandlung.
- Machen Sie es sich zum Grundsatz, dass alle Parteien einen Gewinn davontragen.
- Sprechen Sie eine leicht verständliche Sprache.
- Bewahren Sie sich immer Ihre Neugierde und festigen Sie die Beziehung.
- Wahren Sie Ihre Integrität.
- Verschenken Sie nicht alles.
- Bleiben Sie dran, egal wie lange es dauert.

Luft ablassen

Es ist nicht zu leugnen: Wenn man mit einem schwierigen Menschen in einer schwierigen Lage steckt, sind eine Menge Gefühle im Spiel. Meistens möchte man dann vor allem unkontrollierte Gefühlsausbrüche verhindern, denn das raubt einem nicht nur viel Energie, sondern es stiftet außerdem Verwirrung und bringt alle Beteiligten in Verlegenheit. In solch einer Situation ist es also absolut notwendig, sich mit der emotionalen Seite der Sache auseinanderzusetzen – ganz egal, wie man sich selbst dabei fühlt.

Emotionen sind wie eine Mauer, sie verhindern jede fruchtbare Kommunikation. Diese Mauer lässt sich nur langsam niederreißen, in einem Prozess, den man »Luft ablassen« nennen könnte.

Mit Menschen, die sich in Gefühlsaufruhr befinden, ist keine vernünftige Diskussion möglich. Der innere Druck ist zu hoch, und sie sind kurz davor zu explodieren. Sie müssen also Luft ablassen. Ist der Druck erst einmal gewichen, kann man auch wieder effektiv und fruchtbar diskutieren.

Man kann Menschen, die gerade starke Gefühle empfinden, mit einfachen Mitteln helfen, diesen Druck loszuwerden. Man braucht nur ihre Gefühle anzuerkennen – sie treten ja offen genug zu Tage. Wer einfach sagt: »Sie sind scheinbar aufgeregt« oder: »Das stört Sie offensichtlich«, hilft dem anderen, diese Gefühle auszudrücken, statt sie zu unterdrücken, und genau darum geht es.

Weshalb Luft ablassen?

Wenn die Menschen immer äußern würden, was sie beschäftigt, wäre es nicht notwendig, ihnen die Gelegenheit zu geben, die Luft abzulassen. Es gibt viele Gründe, weshalb Menschen ihre Gefühle zurückhalten und nicht äußern. Es ist hilfreich, in einer sicheren und förderlichen Umgebung wieder Kontakt mit diesen Gefühlen aufzunehmen und sie ausdrücken zu dürfen.

WESHALB GEFÜHLE UNTERDRÜCKT WERDEN

1. Wir wurden dazu angehalten, Gefühle für uns zu behalten, insbesondere Bosheit oder Wut. Wir haben gelernt, uns zu beherrschen.

2. Es ist gefährlich, Dinge offen und ehrlich anzusprechen, insbesondere wenn sie negativ sind. Man kann einem Untergebenen zwar gefahrlos böse sein und ihm sagen, weshalb man sich aufregt, aber einem Vorgesetzten gegenüber könnte es gefährlich für die weitere Laufbahn sein, sich so freimütig zu äußern.

3. Manche Menschen wissen nicht, wie sie sich fühlen. Sie haben so wenig Kontakt mit ihrem Gefühlsleben, dass sie auf die Aussage: »Ich verstehe nicht, warum Sie so böse sind«, antworten würden: »Böse? Wer ist hier böse? Ich habe keine Ahnung, wovon Sie reden!«

4. Den meisten dürfte es allerdings schlichtweg unangenehm sein, sich aufzuregen und wütend zu sein. Sie wollen die Aufmerksamkeit keinesfalls auf sich ziehen und schlucken ihre Gefühle oder das, was sie zu sagen haben, lieber wieder runter.

Konfliktlösungstechniken

Vielfach sind die Leute der Meinung, Konfliktlösungstechniken kämen nur bei Verhandlungen zwischen großen Organisationen zur Anwendung: zwischen den Tarifpartnern beispielsweise oder den beiden Parteien bei einer Scheidung. Aber diese Techniken lassen sich ebenso bei Schwierigkeiten zwischen zwei Personen am Arbeitsplatz anwenden. Es könnte allerdings eine Weile dauern, bis man sein Gegenüber davon überzeugt hat, sich an einem solchen Prozess zu beteiligen.

Der Mediator

Bei einer Konfliktlösung in diesem Sinne stellt die Gegenwart eines Schlichters oder Mediators das wesentliche Element dar. Er oder sie hat die Aufgabe, gemeinsame Themen zu finden, über die die Parteien reden möchten. Manchmal braucht das seine Zeit, aber ein gut ausgebildeter Mediator kann diesen Prozess sicherlich vorantreiben.

Der Ort des Geschehens

Nun gilt es einen sicheren Verhandlungsort zu finden. Beseitigen Sie so viele Hinderungsgründe wie möglich, damit keine der Parteien argwöhnen muss, die schlechtere Ausgangsposition zu haben.

Luft ablassen

Ermöglichen Sie es beiden Seiten, die Luft abzulassen – alles auf den Tisch zu packen – ohne dadurch die Kluft zwischen ihnen zu erweitern. In den meisten Fällen trifft der Mediator die Parteien dazu getrennt und ermutigt sie, ihren jeweiligen Gefühlen Luft zu machen. Nachdem sie dieses Gift los geworden sind, geht es gemeinsam weiter.

Gemeinsamkeiten entdecken

Suchen Sie etwas, worauf beide Seiten sich einlassen können. Manchmal ist das schier unmöglich, aber man sollte den Mut nie aufgeben, denn es gibt immer Gemeinsamkeiten. Auch bei der hitzigen Verhandlung zwischen zwei Staatsmännern zum Beispiel. Der Mediator glaubte nicht, ihnen helfen zu können, den jeweils anderen für vertrauenswürdig zu halten. Außerdem standen 200 Jahre unangenehmer Geschichte, Animositäten und Vorurteile im Raum. Durch einen Zufall fand der Mediator schließlich eine Gemeinsamkeit. Beide Staatsmänner waren verheiratet und hatten ähnliche Schwierigkeiten mit ihrer Frau und mit ihren verheirateten Kindern. Als sie sich gegenseitig auch als Ehemann und Vater sehen konnten, die mit ähnlichen Problemen konfrontiert waren, kamen sie miteinander ins Gespräch. Der Mediator nutzte diese Gemeinsamkeit, um sie einander näher zu bringen.

Feed-back

Beide Seiten brauchen das Gefühl, dass sie Gehör finden. Alles sollte Punkt für Punkt durchgesprochen werden, so dass beide Parteien jeweils die Gelegenheit haben zu sagen: »Das habe ich so und so verstanden« oder: »Nein, das habe ich so nicht gemeint« oder: »Da fehlt nur noch ein winziges Element; ich fasse zusammen …« In dieser Phase geht es so lange hin und her, bis beide Seiten ihre Positionen geklärt haben. Das kontinuierliche Feed-back ist notwendig, damit am Ende beide Seiten das gleiche Verständnis einer eventuellen Einigung haben. Beide Parteien sollten in der Lage sein, die Vereinbarung möglichst gleichlautend zusammenzufassen. Im nächsten Schritt wird ein Plan erarbeitet und erneut durchgesprochen, damit sich beide einig sind, wie sie ihre Verpflichtungen verstehen.

Verhandlungspausen

Mal angenommen, es hat nicht funktioniert und Sie wissen nicht weiter. Was nun? Der Moment ist da, um eine Auszeit zu arrangieren und den Teufelskreis zu durchbrechen. Beide Seiten haben gesagt, was es zu sagen gibt, und das wahrscheinlich sogar schon mehrmals. Viele Menschen neigen dazu, sich in der Hitze des Gefechts zu wiederholen; sie meinen aus irgendeinem Grund, dauerndes Wiederholen würde die Sache klären. Aber das ist nicht der Fall. Im Gegenteil, oft kommen Parteien in die Versuchung, sich anzubrüllen oder genervt zu entgegnen: »Stopp, das reicht! Das haben Sie schon mal gesagt.« Falls das geschieht, sollte der Mediator eingreifen und die derzeitige Lage zusammenfassen: »Wir haben dieses Thema schon mehrfach behandelt und scheinen dennoch keine Fortschritte zu machen. Ich glaube, dass wir heute nicht mehr weiterkommen und möchte Ihnen eine Pause vorschlagen. Was meinen Sie?«

An dieser Stelle ist es wichtig, sich auf den Prozess zu konzentrieren, und nicht auf die Person. Bleiben Sie vernünftig und ruhig und bitten Sie um Zustimmung zu Ihrem Vorschlag. Nachdem sie etwas Zeit zum Nachdenken hatten, sind beide Parteien am nächsten Morgen wahrscheinlich etwas flexibler.

Sollte ich mich wehren?

Muss es Gewinner geben?

Können andere mir helfen?

3

Eskalation verhindern

Nicht einschüchtern lassen

Mit Konflikten umgehen

Mit Gewalt umgehen

Wie man sich nicht einschüchtern lässt

**WIE MAN EIN-
SCHÜCHTE-
RUNGSVERSU-
CHE ÜBERLEBT?**

**Indem man ver-
steht, dass man
aus starken Ge-
fühlen Luft
rauslassen
muss.**

**Indem man
dafür sorgt,
dass der Betref-
fende weiterre-
det; der Druck
muss raus.**

**Indem man sei-
nem Gegenüber
hilft, seine Auf-
regung wahrzu-
nehmen.**

**Indem man es
nicht persönlich
nimmt.**

Wenn jemand wütend wird, hat man häufig das Gefühl, die unausgesprochene Vereinbarung, sich zivilisiert zu verhalten, wurde gebrochen und nun läge alles im Argen. Konfrontiert mit einem wütenden Menschen fühlt man sich schnell eingeschüchtert oder verletzt, insbesondere wenn er eine Autoritätsperson darstellt. Dinge, im Zorn ausgesprochen, können sehr zerstörerisch sein.

Dass Worte nicht verletzen können, ist eine Lüge. Worte können sehr wohl sehr weh tun und Schmerzen verursachen, die lange anhalten.

Wie glättet man Wogen?

Es ist nicht leicht, sich in einer hitzigen Konfrontation oder angespannten Situation richtig zu verhalten. Die folgenden Antworten auf die Frage, wie man Wogen glätten kann, lassen sich vielleicht nicht immer ganz einfach in die Praxis umsetzen; es allerdings nicht zu tun, hilft auch nicht weiter.

1. Sie müssen verstehen, dass man seinen Gefühlen Luft machen muss. Man kann sie nicht einfach verdrängen und hoffen, dass sie verschwinden werden, denn das tun sie nicht.

2. Strategien, die vermeintlich funktionieren müssten – vernünftige Worte, Ablenkung, das Thema wechseln – sind

in Wirklichkeit ziemlich wertlos. Mit vernünftigen Worten lassen sich Gefühle nicht besänftigen. Im Gegenteil, meistens machen sie alles nur noch schlimmer. Auch Ablenkung funktioniert nicht. Außerdem sollte man niemals versuchen, das Thema zu wechseln oder sein Gegenüber fröhlich zu stimmen. Er spürt nur die eigene Wut und hört Sie daher nicht wirklich.

3. Lassen Sie Ihr Gegenüber reden und seine Gefühle äußern. Hinterher ist er die Energie los, von der seine Gefühle sich nährten. Nur wenn er sie äußert, wird er den Druck los. Es ist sicherlich nicht einfach, ruhig zu bleiben und die Gefühle wahrzunehmen, die der andere los werden muss, wenn er Sie dabei anschreit oder beleidigt oder sarkastische Bemerkungen macht. Natürlich wäre es schön, wenn er einfach den Mund halten würde – wahren Sie jedoch Haltung.

4. Helfen Sie Ihrem Gegenüber, seinen inneren Aufruhr wahrzunehmen – auch wenn Sie das lieber nicht tun würden. Man könnte meinen, dass ihm klar sein müsste, dass er böse ist. Aber das ist nicht immer der Fall. Es ist wirklich erstaunlich, wie jemand vor einem stehen, einen anschreien, jede Menge Flüche ausstoßen und aussehen kann, als würde er jeden Moment explodieren, der dennoch nicht weiß, dass er wütend ist.

Würde man ihn auf seine Wut hinweisen, würde er das glattweg leugnen: »Ich bin überhaupt nicht wütend und verstehe auch nicht, wie Sie das glauben können. Ich bin vollkommen ruhig!« Und das glaubt er tatsächlich. Dieser Mangel an Selbstwahrnehmung tritt häufiger auf, wenn der Betreffende nicht wütend ist, aber es in ihm kocht und brodelt. Die Gestik bringt das jedoch fast immer ans Licht. Vielleicht zeigt sich seine Wut subtiler und unter der Oberfläche, er ist beispielsweise unkooperativ oder streitsüchtig, oder aber er zieht sich schmollend zurück.

Wie dem auch sei, es ist wichtig, diesen Menschen ihre Gefühle bewusst zu machen. Das ist nicht leicht, denn wir alle haben Mittel und Wege gefunden, unangenehme Gefühle zu verdrängen. Hat der Betreffende seine Wut jedoch erst einmal geäußert, könnten Sie ihm mitteilen, dass er jetzt sehr viel ruhiger ist.

5. Nehmen Sie es nicht persönlich. Bedenken Sie, dass es bei alledem eigentlich nicht um Sie geht. Die meisten Menschen wissen um ihre Gefühle, wenn sie gerade einen Wutausbruch haben. Sie fürchten zwar, die Kontrolle zu verlieren, schätzen aber die Vorteile, die es hat, ihrer Wut freien Lauf zulassen, mehr als die Nachteile.

Wut ist ein Mittel, mit dem man andere unter Kontrolle halten kann. Das wissen

WAS MAN KEINESFALLS SAGEN SOLLTE

Ihr Gegenüber ist offensichtlich erregt, vielleicht sogar ziemlich wütend. Ob Sie seine Gefühle für gerechtfertigt halten, ist dabei irrelevant. Die Gefühle sind da, und Ihr Gegenüber ist offensichtlich darin gefangen. Es gibt einige Dinge, die man keinesfalls tun darf: Setzen Sie den Wert eines Gefühls niemals herab, machen Sie es nicht lächerlich, beleidigen Sie Ihr Gegenüber nicht und lachen Sie ihn nicht aus. Beginnen Sie Sätze nie mit »Du« oder »Sie«. Gießen Sie kein Öl ins Feuer. Sagen Sie Folgendes auf keinen Fall:

- Ich verstehe nicht, weshalb Sie das so wütend macht.
- Du solltest mal sehen, wie Du aussiehst.
- Glauben Sie nicht, dass Sie ein wenig übertreiben?
- Du bekommst noch einen Herzinfarkt, wenn Du so weiter machst.
- Auf geht's, zum fröhlichen Gemetzel!
- Jetzt wird mir klar, wie durchgedreht Sie sind.

viele Vorgesetzte, und manche setzen sie gezielt ein.

Wenn es nicht Kontrolle ist, gibt es vielleicht andere Gründe. Hat die betreffende Person tyrannische Neigungen oder rast sie über eine emotionale Achterbahn und ist andauernd Stimmungsschwankungen ausgesetzt? Wird sie wütend und braust sie auf, zweifelt nachher aber an sich oder hegt einen Groll? All diese Faktoren könnten die Wut des Gegenüber nähren.

Nicht Feuer mit Feuer bekämpfen

Wenn wir angegriffen werden, verteidigen wir uns entweder mit einem Gegenangriff, oder wir fliehen. Das ist der so genannte »Kampf-«- oder »Fluchtreflex«. Wer sein Verhalten ungeschminkt betrachtet, sieht schon bald, dass er häufig entweder kämpft oder flieht. Egal, ob Chef oder Kollege, wenn er wütend ist, erwartet er wahrscheinlich, dass Sie das eine oder das andere tun und wäre höchst erstaunt, wenn Sie keines von beidem tun. Wenn Sie in der Lage sind, die Wut nur zu beobachten und nichts zu tun, sind Sie eindeutig im Vorteil.

Das Gefühl akzeptieren

Schwierige Menschen planen ihre Ausbrüche meist nicht und würden es auch gar nicht erst dazu kommen lassen, wenn sie könnten – aber sie können es nicht. Nicht alle Gefühle sind beherrschbar. Man kann Menschen nicht sagen, sie sollten ihre Wut herunter schlucken. Man kann jedoch Gefühlsäußerungen als solche akzeptieren, ohne sie weiter zu beurteilen.

Probieren Sie das doch mal aus, wenn Sie das nächste Mal mit Wut konfrontiert werden. Beurteilen Sie die Gefühle nicht, denken Sie sich stattdessen: »Aha, das ist also eine Explosion.« Beobachten Sie dann ruhig, wie Ihr Gegenüber seine Gefühle äußert. Bewerten Sie sie nicht, nennen Sie sie weder gut noch schlecht; kritisieren Sie Ihr Ge-

genüber nicht und verteidigen Sie sich ebenso wenig. Nehmen Sie es einfach so, wie es ist.

Natürlich lässt sich dieser Rat nicht so einfach umsetzen, insbesondere wenn es nicht der erste Wutausbruch ist. Es fällt nicht leicht, sich nicht zu verteidigen. Man ist geneigt, dem anderen mit der einen oder anderen Bemerkung eins auszuwischen. Wenn Sie an Ihre Grenzen stoßen, reizt es Sie vielleicht, Ihr Gegenüber auf das rechte Maß zurechtzustutzen – widerstehen Sie der Versuchung, und tun Sie es nicht.

Warum keine Rache?

Was nutzen Widerworte, oder was bringt es, wenn Sie Ihr Gegenüber herunterputzen, wenn Sie ihn in Verlegenheit bringen oder verletzen, zumal Sie es doch offensichtlich mit einer ziemlich unglücklichen Person zu tun haben? Weshalb Ihr Gegenüber zweifellos unglücklich ist? Nun, wie viele glückliche, selbstsichere Menschen kennen Sie, die man als »schwierig« bezeichnen würde? Viele dürften es nicht sein.

Außerdem: Wenn Sie reagieren wie Ihr Gegenüber, sinkt auch Ihr Ansehen bei allen, die den Streit vernehmen oder später davon hören. Ferner dürfte es hinterher schwer sein, die Beziehungen zu der betreffenden Person zu verbessern, und außerdem machen Sie sich wahrscheinlich Vorwürfe, weil Sie sich nicht richtig verhalten haben. Ist es das wert?

In gedruckter Form betrachtet ist die Liste der Dinge, die man tun oder unbedingt lassen sollte, ziemlich offensichtlich. Aber in der Hitze des Gefechts denkt und reagiert man schnell unangemessen, insbesondere wenn man sich angegriffen fühlt und stark unter Druck steht.

WIE DO'S ZU DONT'S WERDEN

Die Liste dessen, was man bei Meinungsverschiedenheiten oder Konflikten nicht tun sollte, ist das Gegenstück zu den Ratschlägen des letzten Kapitels.

WAS MAN TUN SOLLTE	WAS MAN – UMGEKEHRT – KEINESFALLS TUN SOLLTE
Bedenken Sie, dass es nicht persönlich gemeint ist.	Denken Sie nicht: »Das betrifft mich persönlich, es geht um mich.«
Bleiben Sie in Ihrer Mitte.	Nutzen Sie den Adrenalin-Schub nicht aus; er hilft Ihnen nicht weiter.
Entscheiden Sie selber, wie Sie reagieren wollen.	Schießen Sie nicht aus der Hüfte, auch wenn Sie meinen, die erste spontane Reaktion sei die richtige.
Stellen Sie Fragen.	Sagen Sie nicht, was Sie bei alledem fühlen; Ihre Gefühle werden nicht wahrgenommen.
Üben Sie selbstbewusstes Kommunizieren.	Handeln Sie nicht aggressiv, nur weil Sie das für die einzig mögliche Reaktion halten.
Verhandeln Sie.	Graben Sie sich nicht ein.
Ihr Gegenüber sollte seine Gefühle loswerden können.	Stoppen Sie ihn nicht, wenn er emotional wird.
Nutzen Sie Konfliktlösungstechniken.	Betrachten Sie Konflikte nicht als Krieg, in dem man alles daran setzt, zu gewinnen.
Legen Sie gegebenenfalls Pausen ein.	Versuchen Sie nicht, so lange weiter zu machen, bis Ihr Gegenüber ausgelaugt ist und aufgibt.

Gegen seinen Egoismus ankämpfen

Für schwierige Menschen sind Konflikte etwas sehr Persönliches; sie haben immer das Gefühl, sie seien persönlich gemeint. Mal ehrlich: Ist Ihnen das nicht auch schon so ergangen? Wenn man böse ist, kann man nicht mehr so leicht erkennen, dass es nicht um die eigene Person geht, denn das Gefühl sagt einem doch, dass man ganz persönlich gemeint ist.

Seinen Kampfreflex beherrschen

Der Adrenalin-Schub, der von einem Kampf- und Fluchtreflex ausgelöst wird, leistet im Allgemeinen gute Dienste, hat aber seinen Preis. Je wütender man ist, desto eher wird man kämpfen und nicht flüchten. Wenn man der eigenen Wut jedoch zu oft freien Lauf lässt, ist es durchaus möglich, dass der Adrenalin-Haushalt nicht mehr mitkommt. Sich zu wehren führt meist nur zu einer Eskalation der Situation, und es wird bedeutend schwieriger, in Zukunft eine Lösung zu finden.

Überlegt reagieren

Aus der Hüfte zu schießen ist gefährlich, es sei denn, man ist darauf aus, zu töten oder getötet zu werden – metaphorisch gesehen zumindest. Die spontane Reaktion ist meistens nicht die Antwort, die bei näherer Betrachtung richtig wäre. Aus diesem Grunde sagen Erwachsene häufig zu Kindern, sie sollten bis 10 zählen, wenn Sie wütend sind. Aber das ist nicht nur für Kinder

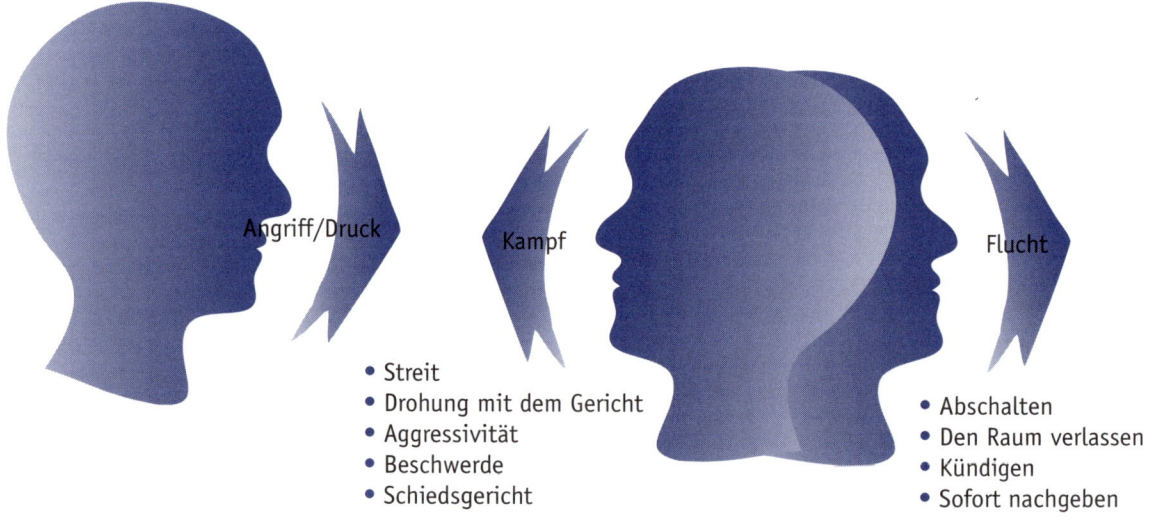

Angriff/Druck   Kampf   Flucht

- Streit
- Drohung mit dem Gericht
- Aggressivität
- Beschwerde
- Schiedsgericht

- Abschalten
- Den Raum verlassen
- Kündigen
- Sofort nachgeben

ein guter Rat. Wenn man bis 10 zählt, verschafft man sich etwas Zeit, um sich zu beruhigen und möglicherweise klare Gedanken zu fassen.

Zuhören

Wenn man versucht, dem anderen zuvorzukommen und die eigene Geschichte schnell loszuwerden, wird man die andere Seite wahrscheinlich gar nicht zu hören bekommen. Entweder Sie übertönen den anderen, drängen ihn in die Defensive oder ignorieren seine Argumente. Den anderen ausreden zu lassen, ist einer der wichtigsten Schlüssel im guten Umgang mit anderen.

Beherrschung

Sich aggressiv zu verhalten, ist ein Schuss der durchaus nach hinten losgehen könnte. Darüber hinaus gibt man seinem Gegenüber damit zu verstehen, dass man ihn nicht respektiert. Aggressives Verhalten untergräbt die Selbstachtung und zeigt, dass man den anderen ebenso wenig achtet; Erfolg hat man damit nur äußerst selten.

Gefühle anerkennen

Bringt man seine Gefühle nicht ans Licht, so dass beide Parteien sich damit auseinandersetzen können, dann kehren sie immer wieder zurück – wie ein Bumerang. Sie lösen sich nicht auf, sondern verhindern jedes vernünftige Ge-

spräch. Unterdrückte Gefühle sind wie eine Mauer und machen es noch schwerer, die Kluft zu überwinden, die sowieso schon die Beziehung beherrscht.

Kompromissbereitschaft

Wer sich eingräbt und, koste es, was es wolle, auf seinem Standpunkt beharrt, macht Lösungen praktisch unmöglich. Wenn Sie diese Stellung einnehmen, erreichen Sie vielleicht vorübergehend, was Sie wollen, aber die Beziehung wird darunter leiden, und das gleiche Thema wird immer wieder auf den Tisch kommen. Es handelt sich ja nicht um einen Krieg, keiner von Ihnen wird als Sieger daraus hervorgehen.

Wenn Sie kapitulieren, wird Ihr Gegenüber sich als Sieger betrachten und umgekehrt gilt natürlich das Gleiche, wobei beide Parteien im Unrecht wären. Denn wenn die Angelegenheit so weit gediehen ist, haben beide Seiten verloren. Die einzig wirkliche Lösung ist eine, bei der beide Seiten gewinnen.

Pausen einlegen

Wer es darauf anlegt, solange weiterzumachen, bis der andere ausgelaugt ist oder aufgibt, muss womöglich endlos durchhalten und ist am Ende selbst als Erster entkräftet und muss kapitulieren. An dieser Stelle um eine Verschnaufpause zu bitten, wäre eine weit bessere Idee.

Seien Sie kein Held

Wenn die schlechte Nachricht lautet, dass die Gewalt am Arbeitsplatz genauso zunimmt wie im Rest der Gesellschaft, dann lautet die gute Nachricht, dass man sie verhindern und sich schützen kann.

Wenn Sie sich bemühen, Haltung zu wahren, sollten Sie bedenken, dass Sie immer sicher sind –, außer der andere wird gewalttätig, und dass die Wut auf Dauer verfliegen wird. Es gibt niemanden, der andauernd wütend sein kann.

Gewalttätigkeit

Es gibt natürlich Situationen, in denen Menschen die Beherrschung völlig verlieren und gewalttätig werden. Dann ist man natürlich nicht mehr sicher. Allerdings ist das nicht der richtige Augenblick, um sein Superman-Kostüm anzuziehen.
Man sollte handeln, bevor die Situation eskaliert, und nicht erst hinterher.

Schützen Sie sich

Falls man versucht, Sie einzuschüchtern, oder falls Sie sich bedroht fühlen, könnten Sie folgende Schritte unternehmen, um eine Konfrontation zu vermeiden und sich zu schützen:

Wenn Sie Zeit dazu haben, rufen Sie um Hilfe.

Berichten Sie Ihrem Vorgesetzten oder der Personalabteilung von der Situation und weshalb Sie beunruhigt sind.

Achten Sie in Gegenwart einer bedrohlichen Person darauf, was Sie sagen und tun; überlegen Sie sich, wie Sie auf unterschiedliche Situationen reagieren wollen.

Vermeiden Sie, mit jemandem alleine zu sein, den Sie als bedrohlich empfinden.

Zeigen Sie Verständnis für die Gefühle des Betreffenden.

Tun Sie nichts, was eine potenziell gefährliche Situation verschlimmern könnte.

Falls möglich, verlassen Sie den Ort.

WAS MAN IN EINER POTENZIELL GEFÄHRLICHEN SITUATION TUN KANN

MINDESTENS ZWEI ARMLÄNGEN ABSTAND HALTEN

So kann man einem eventuellen Schlag leichter ausweichen. Stellen Sie diesen Abstand langsam her. Wer nicht an Sie herankommt, kann Sie auch nicht schlagen.

NUTZEN SIE NATÜRLICHE HINDERNISSE

Sorgen Sie dafür, dass zwischen dem bedrohlichen Kollegen und Ihnen ein Stuhl oder Schreibtisch steht. Bleiben Sie in Bewegung, so dass immer irgendein Möbelstück zwischen Ihnen steht.

REDEN SIE RUHIG UND NATÜRLICH

Sogar Berserker schlagen selten Menschen, die gerade mit ihnen reden. Sie halten sich zurück, solange gesprochen wird. Rufen Sie nicht laut um Hilfe.

ZEIGEN SIE PROBLEMBEWUSSTSEIN

Oft wird Wut von dem Gefühl ausgelöst, dass einem niemand zuhört oder einen keiner ernst nimmt. Wiederholen Sie den Standpunkt Ihres Gegenübers in eigenen Worten, um zu signalisieren, dass Sie ihn verstehen.

SAGEN SIE IHM, ES SEI GANZ NATÜRLICH, IN WUT DINGE ZU SAGEN, DIE MAN EIGENTLICH GAR NICHT SO GEMEINT HAT

Damit wird ihm vielleicht klar, dass Konsequenzen vermeidbar sind, wenn er die Konfrontation sofort beendet.

STÄRKEN SIE SEINE SELBSTACHTUNG

Streicheleinheiten fürs Ego wirken immer beruhigend. Erklären Sie der Person beispielsweise, dass sie in der Firma respektiert wird und ihren guten Ruf wegen einer Beschwerde aufs Spiel setzt, die man eigentlich relativ einfach lösen könnte.

ERLÄREN SIE IHM, WAS ER VERLIERT, WENN ER ZU WEIT GEHT

Weisen Sie Ihren Chef oder Kollegen ausdrücklich darauf hin, dass er noch nicht zu weit gegangen ist, dass Sie aber gegebenenfalls den Sicherheitsdienst rufen werden. Erklären Sie, dass das Problem immer noch friedlich gelöst und vergessen werden kann.

MITGEFÜHL

Hinterfragen Sie den Standpunkt des anderen keinesfalls, egal, wie unvernünftig er ist. Weisen Sie nachdrücklich darauf hin, dass Sie sich wahrscheinlich genauso fühlen würden, wenn Sie in seiner Haut steckten. Sagen Sie, das Sie die Angelegenheit »im Kern« für angebracht halten, dass es aber einen besseren Weg gibt, sie zu klären.

BEWAHREN SIE GEDULD UND ÄUSSERN SIE KEINE DROHUNGEN

Das Schlimmste, was Sie tun könnten, ist, Gleiches mit Gleichem zu vergelten. Die Stimme zu heben oder zu fluchen kann den anderen derart in Rage versetzen, dass er zur Waffe greifen könnte, wenn er eine hat.

Keine Scheu vor Konflikten

Stellen Sie sich folgende Fragen, wenn Sie sich von einer unangenehmen Beziehung gelähmt fühlen:

Muss überhaupt der eine Recht und der andere Unrecht haben?

Geht es um gekränkte Egos?

Beanspruchen Sie zu viel Raum?

Geht es bei dem Streit eigentlich um etwas Wichtiges?

Worauf kann man sich verlassen: Auf das, was man hört, oder auf das, was man sieht?

Gibt es Gemeinsamkeiten?

Konflikte sind ein weites Feld, sie reichen vom einfachen Widerspruch bis hin zu buchstäblichen Feindseligkeiten. In Firmen oder Abteilungen, in denen Konflikte eine Rolle spielen, herrscht immer ein Klima der Nervosität und Anspannung. Manchmal treten Konflikte klar zutage, in Form von Wutausbrüchen zum Beispiel, manchmal sind sie eher latent vorhanden, etwa als freundschaftlicher Wettbewerb. Aber Konkurrenz ist nie wirklich freundschaftlich und hat ihren Preis, insbesondere wenn sie unter der Oberfläche brodelt oder nie endet. Wer gut mit Konflikten umgehen kann, verfügt über eine wertvolle Überlebenstaktik; man weiß nie, wann man sie brauchen kann.

Reden Sie mit jemandem

Konflikte am Arbeitsplatz finden nicht nur zwischen dem Chef und seinen Mitarbeitern statt: Zwei Menschen oder Gruppierungen reichen aus. Konflikte führen nicht notwendigerweise zu offener Wut, aber das heißt noch lange nicht, dass sie einem nicht auf die Nerven gehen und Stress verursachen. Sie sind ein ganz normaler Bestandteil des Lebens. Sie lassen sich einfach nicht vermeiden, und man muss daher lernen, wie man mit Konfliktsituationen umgeht und sie löst.

Manchmal ist die Lage so schwierig, dass man mit jemand reden muss, dem man vertrauen kann und der diskret ist. Das kann ein Freund oder eine Freundin sein, ein Vorgesetzter, jemand in der Personalabteilung oder ein psychologisch geschulter Mitarbeiterberater der Firma. Aber vielleicht kann einem im Moment niemand helfen. Manchmal ist man eben gezwungen, sein eigener bester Freund zu sein und auf die Stimme der eigenen Vernunft zu hören.

Muss es immer einen Gewinner geben?

In einem Streit kämpfen meistens beide Seiten mit vollem Einsatz, denn sie haben beide das Gefühl, sie seien im Recht. Daraus folgt: Wenn ich Recht habe, hast du Unrecht – das ist nur logisch.

Aber natürlich ist diese Einstellung weder wahr noch folgerichtig. So gibt es oftmals mehr als eine richtige Antwort, mehr als eine einzige Lösung und mehr als eine Art, mit der Situation umzugehen. Vielleicht gibt es Dutzende davon. Wenn man sich selber für eine Antwort entscheidet, dann bedeutet das noch lange nicht, dass die Position des Gegenübers falsch wäre; sie stimmt vielleicht nur für einen selber nicht. Wenn man eine Situation auf die eine Weise und der Vorgesetzte sie auf eine andere Weise betrachtet, dann heißt das lediglich, dass zwei verschiedene Standpunkte vertreten werden. Der Gedanke, dass es immer mehr als eine richtige Lösung gibt, raubt vielen Konflikten ihre Schärfe.

Persönliche Angriffe

Wenn die Gefühle aufgewühlt sind und leidenschaftliche Worte geäußert werden, fragen Sie sich dann auch manchmal, ob es das alles wert ist? Fragen Sie sich, ob es wirklich um Leben und Tod geht, oder ob die Situation einfach nur aus dem Ruder gelaufen ist? Oder muss einer von Ihnen beiden immer der Star sein oder die Oberhand behalten? Könnte es vielleicht sein, dass das nichts mit der Sache zu tun hat, um die es gerade geht, sondern dass es um persönliche Bedürfnisse geht – um Ihre eigenen und die Ihres Kollegen? Ist es wichtig, wer das Sagen hat oder gelobt wird? Wenn Ihnen das nicht wichtig ist, dann überlassen Sie Ihrem Gegenüber doch einfach die Zügel und beenden Sie den Konflikt. So einfach ist das.

Was, wenn es andererseits bei dem Streit wirklich um die Sache geht? Wenn Sie beide sich auf der Sachebene diametral gegenüberstehen und nicht persönlich? Dann müssen Sie lediglich ein wenig Abstand nehmen und sich in den Standpunkt des Kollegen versetzen. Sie könnten ihm sagen: »Wenn Ihnen das Ganze so zu Herzen geht, habe ich vielleicht etwas übersehen. Ich will versuchen, Ihren Standpunkt einmal mit meinen eigenen Worten wiederzugeben und die Angelegenheit mit Ihren Augen zu sehen.«

Beansprucht einer zu viel Raum?

Wir sind, was unsere Empfindungen betrifft, nicht auf unseren Körper beschränkt. Die meisten von uns laufen in einer individuellen, unsichtbaren »Blase« herum, die in etwa den Raum darstellt, der zwischen uns und anderen liegen muss. Dieser Abstand beträgt normalerweise etwa 45 cm. Durchbricht jemand diese unsichtbare Grenze, dann löst er in seinem Gegenüber für gewöhnlich den Kampf- oder Fluchtreflex aus. Die »Blase« ist ein fast heiliger Raum – diese Tatsache ist einer der selten beachteten Gründe für Konflikte im Büro. Man kann dieses Phänomen häufig im Fahrstuhl beobachten. Immer, wenn jemand ausgestiegen ist, ordnen die restlichen Personen sich neu an, um ein wenig mehr Raum für sich zu haben. Menschen mit einem anderen kulturellen Hintergrund haben häufig auch ein anderes Distanzbedürfnis.

Was hat das mit Konflikten zu tun? Nun, da Ihnen das Bedürfnis nach persönlichen Raum bewusst ist, beobachten Sie doch einmal, was auf dieser Ebene geschieht, wenn ein Kollege scheinbar ohne Grund nervös wird oder sich immer gleich verteidigt. Sind Sie vielleicht in

Sich selbst im Stillen Fragen zu stellen, verschafft einem die Zeit, nachzudenken und einen anderen Standpunkt einzunehmen.

seinen Raum eingedrungen? Gehen Sie einen Schritt zurück und beobachten Sie, was nun geschieht. Wenn die Nervosität schwindet, gibt Ihnen das einen Hinweis auf den möglichen Grund.

Handelt es sich wirklich um einen Streit?

Manchmal ist das, was wie ein Konflikt aussieht, gar keiner. Es könnte sich um das handeln, was Deborah Tannen »rituelle Opposition« nennt: eine Art und Weise, die Vor- und Nachteile einer bestimmten Idee herauszufiltern. Solche Diskussionen können sehr emotional verlaufen, da Fragen und Meinungen sehr schnell und feurig geäußert werden. Man könnte sich persönlich angegriffen fühlen, aber in Wirklichkeit werden nur die Ideen attackiert. Das Ziel ritueller Opposition ist die Verteidigung der eigenen Ideen und nicht der eigenen Person.

Wenn Sie sich angegriffen fühlen, richten Sie also am besten Ihre Aufmerksamkeit auf den Inhalt des vermeintlichen Angriffs und erinnern sich daran, dass Ihre Ideen und Meinungen hinterfragt werden, und nicht Sie persönlich. Wenn Ihr Gegenüber sich angegriffen fühlt, kann es helfen, ihn darauf hinzuweisen, was hier eigentlich stattfindet.

Worauf sollte man sich verlassen: Auf das, was man hört, oder auf das, was man sieht?

Die Antwort lautet: Auf das, was man sieht. Gestik und Mimik widersprechen häufig den Worten. Wenn dem so ist, dann ist das, was man sieht, notgedrungen richtiger als das, was man hört. Der Sprecher bemerkt oftmals nicht, dass seine Worte und Handlungen nicht zueinander passen. »Taten sagen mehr als tausend Worte«, heißt es nicht zu Unrecht. Wenn man hört: »Es geht mir gut«, aber die Gestik und Mimik sagt: »Es geht mir schlecht«, dann sollte man sich auf die Körpersprache verlassen. Wenn man taub ist, muss man sich auf andere Sinne verlassen, um die richtige Information zu erhalten. Hörgeschädigte Menschen »hören« oftmals sehr effektiv mit ihren anderen Sinnen, die ihnen ein genaueres Bild verschaffen als Worte. Man kann auch intuitiv »hören« – verlassen Sie sich auf Ihre Instinkte und Wahrnehmungen.

Nichts als die Wahrheit? Wahrscheinlich nicht

Man sollte sich allerdings auch nicht darauf versteifen, ob Worte und Körpersprache sich widersprechen oder nicht, oder dauernd überlegen, ob der andere die Wahrheit und nichts als die Wahrheit sagt. Sogar unter den günstigsten Umständen dürfte dies nur äußerst selten der Fall sein. Obwohl wir alle gerne glauben möchten, dass wir absolut ehrlich sind und die Dinge so sagen, wie sie sind, ist dieser Gedanke doch wenig realistisch. Es gibt nur ganz wenige Menschen, die immer uneingeschränkt ehrlich sind. Die meisten von uns winden sich bisweilen; wir verpacken sorgfältig das, was wir zu sagen haben, oder beschönigen es ein wenig.

Wenn Sie gerade hart und lange mit einem Kollegen um die eine oder andere Information gekämpft haben, die Sie unbedingt brauchen, und Sie bekommen sie schließlich, dann nehmen Sie sie einfach so, wie sie ist. Sie können zwar davon ausgehen, dass sie nicht ganz richtig oder fehlerhaft ist – aber akzeptieren Sie sie dennoch freundlich. Das Schlimmste, was man in einer Situation tun kann, in der man gerade ein paar Fortschritte gemacht hat, ist, die Ehrlichkeit oder Wahrhaftigkeit des Gesagten zu hinterfragen. Tut man es doch, dann wird man wahrscheinlich nicht einmal mehr solche kleinen Erfolge verbuchen können. Denn der andere denkt sich: »Ist doch egal, was ich sage, der glaubt mir sowieso nicht.«

Gibt es eine Gemeinsamkeit?

Eine der wichtigsten Regeln erfolgreicher Verhandlungsführung besagt, man solle zunächst Gemeinsamkeiten finden und diese als Ausgangspunkt nehmen. Sie könnten beispielsweise beide persönlich daran interessiert sein, das Projekt abzurunden, oder wünschen, dass das gesamte Team von Ihrer beider Arbeit profitiert. Die Gemeinsamkeit kann offensichtlich sein oder nicht. Manchmal sind das gleiche Geschlecht, das Alter, die gleiche Herkunft oder gleichaltrige Kinder die einzige Gemeinsamkeit – relativ private Bereiche; aber man braucht nur eine einzige, um den Wagen ins Rollen zu bringen, auch wenn sie nichts mit der Arbeit zu tun hat. Wenn Sie eine Gemeinsamkeit entdecken, sollten Sie diese nutzen.

Wenn man nicht weiter kommt, die Arme verschränkt und an seiner Position festhält, kann das lange dauern. Dieses Verhalten bringt niemandem Vorteile, weder einem selbst noch dem anderen, weder der Firma noch der eigenen Abteilung. Suchen Sie nach einer Gemeinsamkeit und bauen Sie darauf auf. Wenn Sie Ihr Gegenüber schon kennen, dürfte die Suche nach Gemeinsamkeiten leichter fallen, als Sie denken.

Lassen Sie sich nicht hineinziehen

Man sollte in einer Konfliktsituation immer darauf achten, innerlich Abstand zu wahren, denn nur so kann man sich objektiv ansehen, was gesagt oder getan wird, und herausfinden, worum es wirklich geht und wie man selber reagieren möchte.

Was auch immer in Ihrer Umgebung geschieht: Wenn Sie innerlich Abstand wahren, dann können Sie ruhig und vernünftig reagieren.

Antworten oder reagieren?

Antworten sind nicht das gleiche wie Reaktionen. Letztere sind meistens Gefühlssache. Man denkt nicht lange nach und sagt oder tut deshalb schnell etwas, was man später bereut. Antworten hingegen sind überlegt – keine Schnellschüsse. Man entscheidet vielmehr, wie man mit der Situation umgehen will. Wenn die gegenwärtige Situation sie wütend und ärgerlich macht oder Ihnen die Beherrschung verloren geht, reicht es vielleicht nicht aus, innerlich Abstand zu nehmen. Manchmal muss man sich körperlich entfernen, damit man Abstand nehmen kann.

Umstände, in denen Sie nicht das Recht hätten wegzugehen, gibt es nicht. Wenn Sie mitten in einer hitzigen Debatte sind, die aus dem Ruder läuft, dann sollten Sie vor allem ruhig werden und weggehen. Drehen Sie sich jedoch nicht einfach auf dem Absatz um, um wortlos den Raum zu verlassen. Es dürfte klar sein, dass die Situation damit nicht gelöst ist.

Wie man am besten weggeht

Manche Leute wissen instinktiv, wann und wie man am besten weggeht. Allerdings wissen viele von uns das nicht, sondern wir fühlen uns schwierigen Situationen verhaftet. Man braucht allerdings nur zu sagen: »Entschuldigen Sie mich bitte. Ich glaube, es wäre besser, die Diskussion zu einem späteren Zeitpunkt fortzusetzen«, und geht dann einfach weg.

Was Sie sagen, bevor Sie gehen, ist wichtig. Wenn Ihr Gegenüber wütend ist und Sie leise und ruhig sprechen, dann besänftigen Sie ihn damit nicht nur, sondern Sie bekommen auch die Situation wieder in den Griff. Damit man sich so verhalten kann, muss man innerlich und körperlich auf Abstand gehen können – und das ist eigentlich gar nicht so schwer.

Wenn Sie Fehler machen

Obwohl man jedes Recht der Welt hat, innerlich Distanz zu wahren und den Raum zu verlassen, gelingt einem das vielleicht nicht immer, insbesondere wenn man leicht reizbar ist. Wenn man die Beherrschung verliert und den Fehler macht zu reagieren, dann lässt sich das nicht mehr ungeschehen machen.

INNERLICH ABSTAND HERSTELLEN

Wer innerlich Abstand wahrt, ist emotional nicht involviert, scheint über den Dingen zu stehen und kann objektiv sein. Es ist nicht immer leicht, innerliche Distanz herzustellen, besonders in einer feindlich gesinnten Umgebung. Abstand herzustellen heißt nicht immer, räumlich und körperlich Distanz herzustellen; manchmal reicht ein gewisser innerlicher Abstand aus.

- Lassen Ihre Gefühle aus dem Spiel.
- Versuchen Sie, die Situation wie ein objektiver Beobachter zu betrachten.
- Hegen Sie die Einstellung: Es ist mir egal, was gesagt wird oder wozu das alles führt.
- Hören Sie nicht mehr zu und denken Sie an etwas anderes.
- Zeigen Sie sich desinteressiert oder mit anderen Dingen beschäftigt.
- Wechseln Sie das Thema.
- Entschuldigen Sie sich und verlassen Sie den Raum.

Allerdings kann man es bis zu einem gewissen Grad wieder gutmachen, indem man seinen Fehler eingesteht und sich entschuldigt.

Man könnte in diesem Fall sagen: »Ich habe mich daneben benommen. Ich war verletzt und wütend und habe überreagiert. Es tut mir Leid.« Wer sich so verhält, zeigt, dass er die Verantwortung für sein Verhalten übernimmt.

Ob das Gegenüber zugibt, selber Fehler gemacht zu haben, oder ob es eine Entschuldigung akzeptiert, ist irrelevant. Das Ziel der Entschuldigung ist, eine schwierige Situation zu lösen, und nicht, vom anderen Vergebung für die eigenen Fehler zu erhalten.

Der nächste Schritt

Nun, da wir im Allgemeinen besprochen haben, was man im Konfliktfall tun und was man keinesfalls tun sollte, wollen wir auf einige Einzelheiten näher eingehen. Daher erläutert das nächste Kapitel anhand eines 10-Punkte-Plans die Schritte, mit denen man eine konstruktive Interaktion planen und durchführen kann – auch mit schwierigen Menschen.

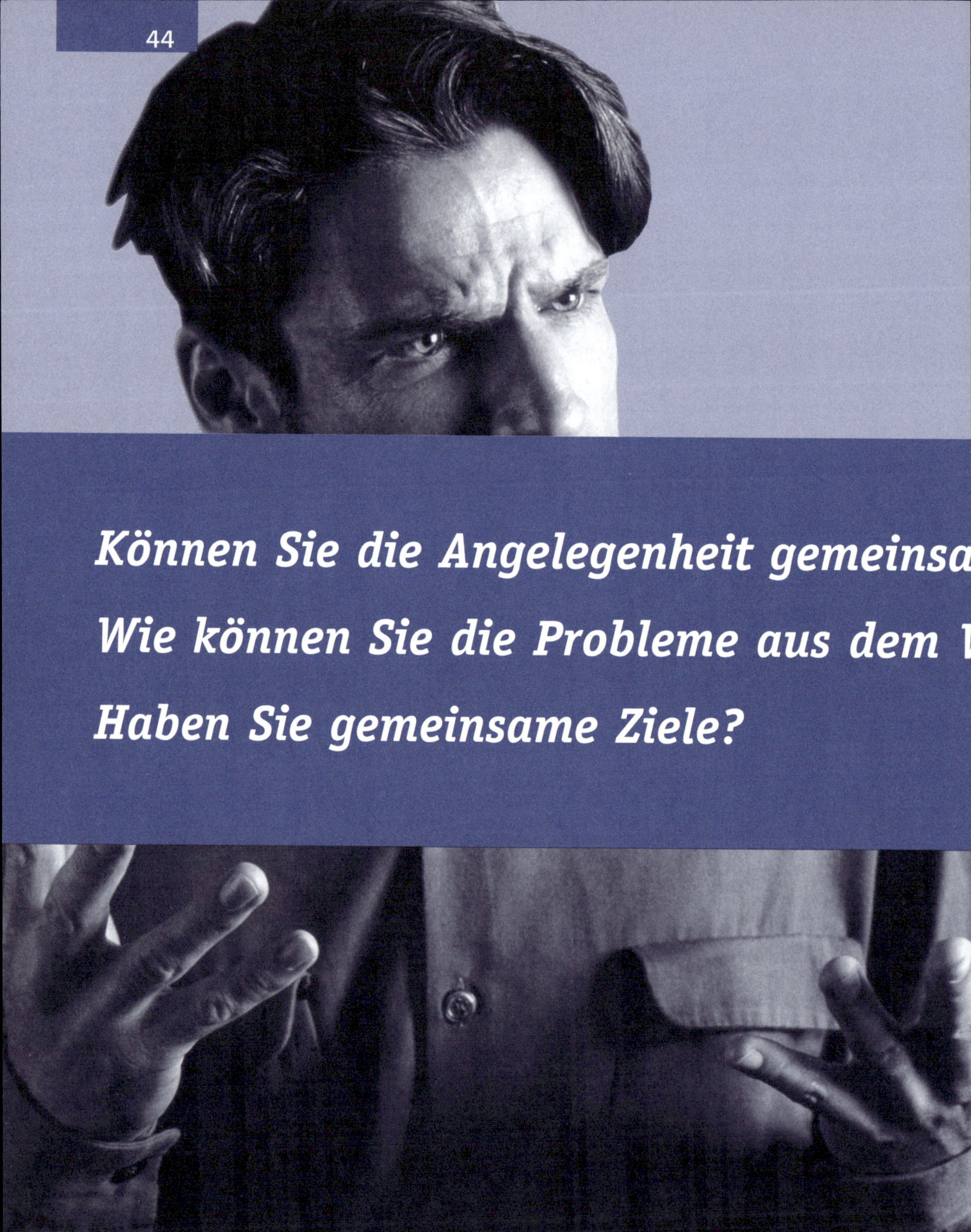

Können Sie die Angelegenheit gemeinsa

Wie können Sie die Probleme aus dem

Haben Sie gemeinsame Ziele?

4

Die 10 Punkte

Seine Position klarstellen

Die Probleme durchsprechen

Eine Einigung anstreben

durchgehen?

g räumen?

Geplante Harmonie

Wenn beide Seiten sich auf ein Gespräch einlassen, ist das ein vielversprechender erster Schritt. Obwohl es nicht unbedingt zu einer Einigung führen muss, bietet es den Parteien dennoch die Gelegenheit, ihre Ansichten zu erläutern und einander anzuhören. Dialog führt zu Harmonie.

Manchmal lässt sich eine schwierige Situation am Arbeitsplatz schon lösen, wenn man sich gemeinsam hinsetzt und die Sache bespricht. Sofern dies zu den Möglichkeiten gehört, kann eine gute, gemeinsam ausgearbeitete Einigung das Arbeitsumfeld völlig ändern – derjenige, den sie bisher als schwierigen Menschen betrachteten, könnte sogar zu einem wertvollen Kollegen werden.

Andere zu einem gemeinsamen Gespräch zu bewegen ist vielleicht nicht ganz leicht, insbesondere wenn es sich um den Vorgesetzten handelt. Ist einem das jedoch erst einmal gelungen, dann gibt es Möglichkeiten – egal wie schwierig das Gegenüber, die Situation, die Beziehung oder das Arbeitsumfeld ist –, das Gespräch so zu strukturieren, dass es nahezu unausweichlich zu einem positiven Ergebnis führt.

Dabei gibt es natürlich keine Garantie dafür, dass Sie mit Ihrer Sichtweise oder Ihren Argumenten Oberwasser behalten, egal, wie überzeugend Sie sind. Aber die Vorgehensweise nach den folgenden 10 Punkten gewährleisten auf jeden Fall, dass beide Parteien sich aussprechen und einander zuhören, und zwar in einer zivilisierten Atmosphäre.

DIE 10 PUNKTE

1 Seien Sie offen.

2 Bereiten Sie sich auf das Gespräch vor.

3 Wählen Sie den richtigen Ton.

4 Äußern Sie Ihre Sicht der Dinge.

5 Lassen Sie den anderen reden.

6 Suchen Sie Gemeinsamkeiten.

7 Erläutern Sie Ihre Position.

8 Sprechen Sie die Bereiche durch, wo Sie nicht einer Meinung sind.

9 Lösen Sie die Angelegenheit, wenn möglich.

10 Kümmern Sie sich um die Konsequenzen.

Seien Sie offen

Arbeiten Sie immer darauf hin, dass beide Parteien gewinnen. Nach dem Gespräch sollten beide überzeugt sein, ein gutes Resultat erreicht zu haben, und beide sich den Konsequenzen verpflichtet fühlen. Sie haben beide gewonnen, wenn weder Ihre noch die Position des anderen gesiegt hat. Kompromisse sind die abgeschwächte Version einer Lösung, bei der beide Parteien gewinnen, aber sie sind schlechteren Ergebnissen immer vorzuziehen.

Diese Einstellung findet man in der Geschäftswelt nicht häufig. Wenn beide Seiten gewinnen, werden die Bedürfnisse beider Seiten befriedigt. Niemand verliert. In einem Umfeld, in dem es nur Gewinner oder Verlierer gibt, einer Welt, an die Sie womöglich gewöhnt sind, bedarf es vielleicht einiger Anstrengungen, um diese Sichtweise zu ändern.

Versuchen Sie, die Situation mit den Augen des anderen zu sehen

Die Situation mit den Augen des anderen zu sehen, bevor man die eigene Sicht der Dinge erläutert, ist eine der wichtigsten Gewohnheiten, die man entwickeln kann. Wenn man das jedoch nur vortäuscht und dem anderen nicht wirklich zuhört – und ihn wahrnimmt –, dann nützt diese Haltung reichlich wenig. Die Lage mit den Augen eines anderen zu sehen heißt, ernsthaft in seinen Kopf zu kriechen und zu verstehen, wie er die Situation sieht. Diese Haltung kann man nicht vortäuschen. Entweder interessiert es einen, oder eben nicht.

Zeigen Sie Respekt

Vielleicht ist Ihr Vorgesetzter, Mitarbeiter oder Kollege ein »schwieriger Mensch«; es ist aber sehr viel hilfreicher, ihn als einzigartiges Individuum zu betrachten, das Ihren Respekt verdient. Im alltäglichen Stress der Arbeit verliert man die Einzigartigkeit der Menschen nur allzu leicht aus dem Auge. Auch wenn keine Einigung erzielt werden kann, ist der andere deshalb kein schlechter Mensch, und er verdient nach wie vor Ihren Respekt.

SECHS SCHRITTE – ODER WIE MAN RESPEKT ZEIGT

- Zeigen Sie Ihre Bereitschaft, sich am Gespräch zu beteiligen.
- Hören Sie gut zu, nehmen Sie Augenkontakt auf und bleiben Sie aufmerksam.
- Unterbrechen Sie Ihr Gegenüber nicht, würdigen Sie ihn nicht herab und ignorieren Sie seine Worte nicht.
- Fassen Sie so objektiv wie möglich das zusammen, was Sie Ihrer Ansicht nach gehört haben.
- Suchen Sie nach Gemeinsamkeiten, bevor Sie Ihre Meinung kundtun.
- Bleiben Sie offen und seien Sie gewillt, die eigene Position zu revidieren.

Planung und der richtige Ton

Ein Meeting ist die Spitze eines Eisbergs. Was wirklich zählt ist jener Teil, den man nicht sieht, der unter der Oberfläche liegt. Was das Auge nicht sieht, was aber wesentlich für jeden guten Fortgang ist, ist Planung. Viele Meetings sind nicht effektiv oder laufen schief, weil sie schlecht geplant wurden; nicht, weil etwas Unerwartetes geschieht.

Sofern ein Gespräch Teil einer guten Lösungsstrategie ist, hängt es vom Status der betreffenden Person ab, wie man es am besten organisiert. Als Vorgesetzter kann man einfach den Termin ansetzen und davon ausgehen, dass der Betreffende schon kommen wird. Kollegen können nur den entsprechenden Vorschlag machen und gegebenenfalls versuchen, den anderen zu überzeugen, dass eine Teilnahme für ihn vorteilhaft ist. Geht es um ein Gespräch mit dem Vorgesetzten, dann kann man nur bestimmt, aber höflich darum bitten.

Vorbereitungen

Ist das Gespräch anberaumt, sollte man sich unbedingt darauf vorbereiten, auf jeden einzelnen Schritt: Was man sagen wird, wie man mit Gefühlen und negativen Äußerungen umgehen will und welche Resultate man anstrebt. Am besten bereitet man sich schriftlich vor und geht, falls nötig, das Gespräch gedanklich durch. Schließlich geht es um einiges. Ein Profi bereitet seine Präsentation vor; wenn Sie Ihre persönliche Meinung äußern, ist das auch nichts anderes als eine Präsentation.

Der richtige Ton

Verringern Sie den Stress. Wenn Sie am Anfang des Gesprächs Ihre Ziele erläutern, verringern Sie nicht nur den Stresspegel, sondern Sie lenken die Diskussion auch in die richtige Bahn. Hat jemand anderes das Gespräch anberaumt, dann sollten Sie von Anfang an darauf achten, dass Sie das richtige Thema ansprechen.

Man könnte das Gespräch vielleicht wie folgt eröffnen: »Ich würde gerne über … sprechen« oder »Ich habe mir ein paar Gedanken über folgendes gemacht …« oder »Was mir Sorgen macht, ist …«

Wenn man das Gespräch nicht selber anberaumt hat, könnte man seinen Beitrag in etwa so eröffnen: »Wenn ich Sie richtig verstanden habe, dann reden wir heute über …«

CHECKLISTE FÜR DIE PLANUNG EINES SCHWIERIGEN GESPRÄCHS

- Klare Zieldefinition.
- Bitten Sie auf eine der Person und dem Problem angemessene Art und Weise um das Gespräch.
- Sehen Sie noch einmal die 10 Schritte durch und passen Sie sie der Person oder Situation an.
- Fixieren Sie die Fragen, die Sie stellen und die Punkte, die Sie erwähnen möchten, schriftlich.
- Planen Sie, was Sie bei einem positiven oder negativen Gesprächsausgang machen wollen.

Will der Betreffende reden?

Nachdem der Betreffende Ihnen das Problem geschildert hat, haben Sie es aus Ihrer Sicht beschrieben oder gesagt, was Sie denken. Das ist die Eröffnung. Sie sind höchstwahrscheinlich davon überzeugt, dass dieses Gespräch stattfinden soll und dass jetzt der richtige Moment gekommen ist. Sie haben Ihre Hausarbeiten gemacht, sind in Ihrer Mitte und bereit, die Angelegenheit durchzusprechen. Was aber, wenn Ihr Gegenüber noch nicht so weit ist? Wie können Sie herausfinden, ob der andere so weit ist?

Ist der andere bereit?

Oft weiß man gleich, ob der Gesprächspartner bereit ist zu reden. Wenn die Körpersprache des anderen Bände spricht – er hat seine Arme verschränkt, sieht einen feindselig an oder sitzt da wie ein Eisklotz –, dann ist er noch nicht so weit. Wenn Sie sich nicht sicher sind, fragen Sie einfach nach. Nachdem Sie Ihre Sicht des Problems geschildert haben – wobei Sie in der ersten Person Singular sprechen sollten –, könnten Sie sagen: »Wenn es Ihnen recht ist, würde ich jetzt gerne ein paar Minuten darüber reden. Was meinen Sie?«

Wenn Sie eine direkte Antwort bekommen – »Na klar, das ist in Ordnung«, oder: »Jetzt lieber nicht. Ich bin momentan beschäftigt« – dann ist alles klar. Wenn er aber sagt: »Na klar, in Ordnung«, aber seine Körpersprache drückt Folgendes aus: »Glaube ja nicht, dass du mich überzeugen kannst!«, dann befinden Sie sich mitten in der sprichwörtlichen Verwirrung. Halten Sie sich im Zweifel immer an die nonverbale Botschaft. Es ist sehr viel leichter, mit Worten als mit dem Körper zu lügen. Das liegt vor allem daran, dass den wenigsten Menschen klar ist, wie wichtig der Gesichtsausdruck, die Körperhaltung und -bewegungen für die Kommunikation sind.

Wenn der richtige Moment noch nicht gekommen ist

Was tun, wenn klar wird, dass der andere noch nicht gesprächsbereit ist? Wenn man selbst aufgeregt oder der Gesprächspartner nicht bereit ist, sollte man das Gespräch unbedingt aufschieben. Sie werden nichts erreichen, wenn Sie trotzdem weitermachen.

Überprüfen Sie Ihr Verständnis in der Angelegenheit

Es gibt kaum etwas Unangenehmeres als ein Gespräch mit jemandem, der auf einer anderen Wellenlänge ist. Wenn Sie A besprechen möchten und er redet über B, dann werden Sie wohl kaum eine gemeinsame Lösung finden.

Bevor man versucht, seine Schwierigkeiten mit anderen zu lösen, muss man zunächst dafür sorgen, dass man über das Gleiche redet. Wissen beide Seiten, worum es geht? Überprüfen Sie, ob Sie ein gemeinsames Ziel haben. Schildern Sie das Problem aus Ihrer Sicht, und zwar so genau wie möglich. Dabei sollten Sie auf das Verhalten oder die Resultate eingehen, nicht auf die Personen oder Meinungen.

Eine übereinstimmende Sicht des Problems

Auch wenn Sie das Problem in den eigenen Augen eingehend und detailliert geschildert haben, ist es immer wieder erstaunlich, wie anders der Gesprächspartner das gleiche Problem sehen kann. Und schon steckt man scheinbar in einer Sackgasse. Man muss sich einigen, worum es bei dem Problem eigentlich geht, bevor man überhaupt an eine Lösung denken kann. So könnte die Beziehung zu einem Kollegen beispielsweise darunter leiden, dass er Sie bei Meetings dauernd unterbricht und Sie dadurch vor den Kollegen inkompetent erscheinen. Aus der Sicht des Kollegen besteht das Problem allerdings darin, dass seine Meinung bei Meetings nie berücksichtigt wird oder man ihn nie danach fragt. Weil er keine Gelegenheit hat, sie zu

- Soweit ich mich erinnere, hatten wir vereinbart, dass Sie genau 45 Minuten Mittagspause machen, damit ich rechtzeitig wieder zurück bin, wenn Herr Schulz seine Mittagspause machen möchte. Allerdings waren Sie diese Woche jeden Tag 10 bis 15 Minuten zu spät, so dass ich nur noch eine halbe Stunde Mittag machen konnte.
- In unserem letzten Gespräch sagten Sie, dass Sie Ihre Mindestquote an Verkaufsgesprächen für März und den Rest des Jahres schaffen werden. Es ist jetzt Juni, und Sie haben seitdem Ihr Soll in keinem Monat erfüllt.

äußern, wird seine Meinung nicht gehört. Nachdem Sie beide Ihre jeweilige Wahrnehmung des Problems erläutert haben, könnten Sie sich darauf einigen, dass es sich um ein generelles Problem handelt, und dass Sie bei Meetings beide nicht gehört werden. Das bietet einen Lösungsansatz. An dieser Stelle muss natürlich beachtet werden, dass dieses Gespräch gar nicht stattfinden würde, wenn Sie beide sich ohne Probleme einigen könnten. Wahrscheinlich dürfte es gar nicht so leicht sein, sich darüber einig zu werden, was das eigentliche Problem ist – und das ist nichts Neues. Bevor man also weitermacht, gilt es zunächst, Einverständnis darüber zu erreichen, was man überhaupt lösen will.

Die eigene Position klarstellen

Wenn Sie um das Gespräch gebeten haben, geht es beim ersten Schritt darum, den Sinn der Sache aus Ihrer Sicht zu schildern und Einverständnis über das gemeinsame Ziel zu erreichen. Man kann es direkt angehen, beispielsweise so: »Aus meiner Sicht ist der Grund für dieses Gespräch, dass ich möchte, dass niemand die Mittagspause überzieht. Denn wenn einer von uns zu spät Mittag macht oder zu spät zurückkommt, dann wirft das meiner Meinung nach die gesamte Arbeitsplanung über den Haufen. Sind wir uns einig, dass dies das Problem ist und dass wir dafür eine Lösung finden sollten?« Wenn hier schon keine Übereinstimmung herrscht, dann ergibt ein weiteres Gespräch wenig Sinn. In diesem Fall sollte man so viele Schritte wie nötig zurückgehen, um Übereinstimmung zu erreichen. Von dort aus sollte man dann erneut eine Lösung suchen.

SITUATIONSBESCHREIBUNG

Nachdem Sie sich über das Thema geeinigt haben, sollte es das Ziel sein, der anderen Seite zu helfen, Ihren Standpunkt zu verstehen und ihn als sinnvoll zu akzeptieren. Bei der Schilderung von Verhalten oder Umständen hält man sich am besten an folgende Richtlinien:

- Detaillierte Schilderung.
- Halten Sie sich an das, was Sie selber gesehen haben, und nicht an Informationen aus zweiter Hand oder an Ihre Meinung dazu.
- Verweisen Sie auf bestimmte Handlungen oder Ereignisse.
- Schildern Sie, wann und wo etwas stattgefunden hat, wer involviert war und welche Folgen Sie persönlich wahrgenommen haben.
- Bei negativer Kritik sollten Sie keinen Vortrag daraus machen.
- Behandeln Sie immer nur ein Thema auf einmal.
- Laden Sie Ihre Gefühle oder Frustration nicht auf Ihrem Vorgesetzten, Ihren Mitarbeitern oder Kollegen ab.

Lassen Sie Ihr Gegenüber reden

Sein Gegenüber reden zu lassen, gehört zu den wichtigsten Schritten zum Erfolg. Aus irgendeinem Grund ist das jedoch das Letzte, was die meisten Leute in einem hitzigen Gespräch tun.

Finden Sie heraus, was Ihr Gegenüber von dem Problem hält. Wenn Sie an diesem Punkt angekommen sind, halten Sie einen Moment inne, denn Sie können nicht davon ausgehen, dass Ihr Gegenüber versteht oder akzeptiert, was Sie gerade gesagt haben. Am besten geht man davon aus, dass er das nicht tut. Es geht jetzt darum, dass der Gesprächspartner überhaupt erkennt, dass es ein Problem gibt, und dass er sich einverstanden erklärt, mit Ihnen darüber zu reden. Erklären Sie, weshalb die Angelegenheit wichtig genug ist, um jetzt darüber zu reden, und weshalb Sie Ihre Erwartungen in dieser Hinsicht für vernünftig und fair halten.

Verständigung herbeiführen

Die meisten Menschen vergessen das nur allzu leicht. Wir sind meistens so darauf versessen, unsere Geschichte loszuwerden, dass wir einfach loslegen und den anderen damit kalt erwischen. Dadurch fühlt er sich womöglich verletzt oder provoziert.

Dies ist der wichtigste Schritt im gesamten Prozess. Ihr Gegenüber hat Gefühle und eine eigene Sicht der Dinge. Diese gilt es herauszufinden. Fragen Sie und hören Sie zu! Dabei sollten Sie ihn weder unterbrechen noch sofort darauf reagieren oder Erklärungen abgeben bzw. verlangen oder Ihre Position verteidigen. Versuchen Sie, seine Sichtweise zu verstehen.

Geben Sie Ihrem Gegenüber die Gelegenheit, seinen Teil zu sagen, ohne dass er Konsequenzen befürchten muss. Auch aus diesem Grund sollte das Gespräch in einer sicheren Umgebung stattfinden. Stellen Sie beispielsweise folgende Fragen:

Wie sehen Sie die Angelegenheit?

Was meinen Sie zu dem, was ich gerade gesagt habe?

Ich würde Ihre Meinung wirklich gerne hören. Was sagen Sie dazu?

Stellen Sie Fragen, damit Sie den Standpunkt des anderen im Detail verstehen

Sie sollten nicht davon ausgehen, dass Sie seine Geschichte wirklich kennen oder verstehen, nur weil Sie ein paar Fragen gestellt haben. Was der andere gesagt hat, könnte einerseits oberflächlich oder aber andererseits vollkommen übertrieben sein. Wie dem auch sei, wenn Sie Ihr Gegenüber wirklich verstehen wollen, dann müssen Sie weiter bohren. Sie werden nun also weitere Fragen stellen müssen, das bisher Gesagte zusammenfassen und weiterreichende Gedanken erörtern.

Am besten erhält man Informationen anhand einfacher, direkter Fragen. Es gibt zweierlei Arten von Fragen. Offene Fragen, wie etwa die folgenden, ermutigen zu umfassenden und freimütigen Antworten:

Wie sehen Sie die Sache?

Wie könnten wir Ihrer Meinung nach das Problem lösen?

Fragen wie die folgenden, die man eigentlich nur mit Ja oder Nein beantworten kann, oder auf die man nur mit Einverständnis oder Widerstand reagieren kann, eignen sich nicht:

Haben Sie den Auftrag ausgeführt?

Glauben Sie, das Projekt war erfolgreich?

Feed-back des Inhalts und der Gefühle

Wenn man zum Kern der Sache durchdringen will, ist ein Feed-back über das, was man gehört, gesehen oder empfunden hat, ein ausgezeichneter Weg. Dabei fasst man einerseits den Inhalt zusammen und gibt andererseits seine Gefühle wieder.

Mit Zusammenfassungen sind hier nicht exakte Wiederholungen dessen gemeint, was der andere gesagt hat. Fasst man es hingegen in eigenen Worten zusammen, dann überprüft man damit zugleich, ob man gehört und verstanden hat, was der andere meinte.

Mit dem Feed-back der Gefühle dringt man zu den unausgesprochenen Gefühlen und Absichten hinter den Worten vor. Dazu braucht man all seine Sinne – achten Sie auf den Ton, die Lautstärke, den Ernst, mit dem Ihr Gegenüber spricht; achten Sie auf die Körpersprache und andere nonverbale Hinweise und versuchen Sie, die Wahrheit intuitiv zu erfassen. Es geht hier nicht darum, was gesagt wurde, sondern wie es gesagt wurde und in welchem Zusammenhang.

Die ganze Botschaft erfassen

Fassen Sie das Gesagte zusammen. Dadurch überprüfen Sie Inhalt und Bedeutung dessen, was Sie gehört haben, und schildern sie aus Ihrer Sicht. Wenn Sie etwas falsch verstanden haben, dann ist das sofort offensichtlich und Sie können Ihr Verständnis korrigieren; wenn Sie richtig zusammenfassen, erhalten Sie wahrscheinlich auch zusätzliche Informationen. Wie dem auch sei, Sie werden wissen, ob Sie auf der richtigen Spur sind. Haben Sie die ganze Botschaft immer noch nicht erfasst, dann machen Sie so lange weiter, bis das der Fall ist.

»Ich möchte mich vergewissern, dass ich Sie richtig verstanden haben Sie haben das Projekt an Herrn Mayer delegiert, der zugesagt hatte, es bis vergangenen Montag fertig zu stellen, aber er konnte die Frist nicht einhalten. Habe ich das richtig verstanden?«

»Wenn ich Sie eben richtig verstanden habe, dann hatten Sie mich bereits letzte Woche über das heutige Meeting informiert und angenommen, dass ich es in meinem Terminplan notiert hatte, und als ich dann nicht gekommen bin, waren Sie enttäuscht. Ist das der Kern der Sache?«

Wiedergabe

Wenn man das, was man gehört, gesehen oder empfunden hat, wiedergibt, erforscht man zugleich auch die Gefühle und die eigene Interpretation in dieser Hinsicht. Das ist etwas komplizierter als inhaltliche Zusammenfassungen, weil viele Menschen nicht wissen, welche nonverbalen Signale sie aussenden. So könnten Sie beispielsweise gesehen haben, wie wütend oder nervös Ihr Gegenüber ist, aber dieser selbst nimmt das nicht wahr. In dem Fall könnten Sie sagen:

Es scheint Ihnen nicht leicht zu fallen, über dieses Thema zu reden.

Sie scheinen sich unwohl zu fühlen.

Halten Sie Ausschau nach Dingen, über die Sie sich einigen können

Nachdem Sie dem anderen zugehört haben und sicher sind, seine Geschichte verstanden zu haben – seine Eindrücke, Reaktionen oder Meinungen –, sind Sie wahrscheinlich mehr als bereit, Ihren Teil zu sagen. Halten Sie sich an dieser Stelle noch zurück, denn zuvor müssen Sie noch einen weiteren Schritt tun.

Man braucht Geduld und Ausdauer, um einem anderen Menschen ruhig zuzuhören, aber in einer potenziell kämpferischen Begegnung ist das der Schlüssel zum Erfolg.

Der nächste Schritt ist wahrscheinlich auch nicht so leicht, aber er ist genauso wichtig. Wenn Sie wirklich offen zugehört haben, dann haben Sie sicherlich auch etwas gehört, womit Sie einverstanden sein können. Nun gilt es, eine Brücke zu bauen; das ist die Gelegenheit, auf Bereiche der Übereinstimmung hinzuweisen und zu versuchen, weitere Gemeinsamkeiten zu finden, auf deren Basis Sie die schwierige Angelegenheit besprechen können.

Mit diesem Schritt erreichen Sie zweierlei: Sie zeigen, dass Sie für die Meinung des anderen offen sind und dass es tatsächlich etwas gibt, worauf Sie aufbauen können.

Betrachten Sie Bereiche, in denen Sie einer Meinung sind, als Brücke der Verständigung. Wenn Sie Ihrem Gegenüber wirklich zuhören und etwas entdecken, worüber Sie sich einigen können, dann treffen Sie sich in der Mitte dieser Brücke.

BEISPIELE

- Sie haben vollkommen Recht, wir haben einige Verfahrensweisen, die außerordentlich zeitraubend und bürokratisch sind, und wir könnten weitaus effizienter sein, wenn wir den Papierkrieg ein wenig zurückdrängen würden.

- Ich verstehe gut, was Sie zu dem Brain-Storming beim gestrigen Meeting sagen. Sie haben Recht, das war eigentlich kein Brain-Storming, sondern jeder sagte einfach irgendetwas.

- So hatte ich die Sache noch nicht betrachtet, aber Ihre Meinung ist sehr interessant. Könnten Sie sie näher erläutern?

- Ich habe in dieser Hinsicht einen sehr ausgeprägten Standpunkt, und mir war nicht klar, dass es Ihnen genauso geht. Ich würde gerne wissen, weshalb wir nach Ihrer Meinung anders vorgehen sollten. Vielleicht habe ich ja etwas übersehen.

Seinen Standpunkt äußern

Sprechen Sie die Sache an.

Weisen Sie keine Schuld zu.

Erheben Sie die Stimme nicht.

Jetzt sind Sie an der Reihe. Sie haben das Problem angesprochen und überprüft, ob Ihr Gegenüber gesprächsbereit ist, haben festgestellt, dass Sie über das Gleiche reden, haben Ihrem Gegenüber zugehört und eine Brücke gebaut. Jetzt ist es an der Zeit, über die Brücke zu gehen.

Schildern Sie das Ganze nun aus Ihrer Sicht, und zwar so klar und sachlich wie möglich. Machen Sie dann ein paar Vorschläge, wie man die Sache lösen könnte (wenn es um eine Angelegenheit geht, die gelöst werden muss).

Wo immer möglich, sollten Sie konkret werden. Generalisieren Sie nie. Wenn Sie wissen, dass es in der Vergangenheit schon einmal ein ähnliches Problem gegeben hat und wie es effektiv gelöst wurde, dann sollten Sie vielleicht diese Lösung vorschlagen.

Es ist durchaus möglich, dass Sie Ihre Meinung ein wenig geändert haben, nachdem Sie Ihrem Gegenüber zugehört haben. In diesem Fall ändern Sie wahrscheinlich auch die Art und Weise, wie Sie Ihren Standpunkt schildern.

Am wichtigsten ist, Ihr Gegenüber nicht herabzuwürdigen oder ihm die Schuld zuzuweisen; und fangen Sie Ihre Sätze nie mit »Du« oder »Sie« an, sondern wenn möglich immer in der ersten Person Singular, mit »ich«.

BEISPIELE

- Obwohl ich Ihrer Meinung bin, was die von Ihnen genannten drei Punkte betrifft, gibt es doch einige Bereiche, die ich anders sehe. Ich glaube zwar auch, dass einige Verfahrensweisen ziemlich mangelhaft sind; das bedeutet aber nicht, dass wir sie völlig über Bord werfen sollten und in jeder veränderten Situation oder einer Krise neu entscheiden sollten, wie wir verfahren. Ich glaube, dass wir Richtlinien brauchen. Wenn die gegenwärtigen Regeln Ihrer Meinung nach nicht anwendbar sind, wie wäre es, wenn Sie neue entwerfen würden? Vielleicht könnten wir das auch gemeinsam machen.

- Es kommt mir sinnvoll vor, wie Sie den Plan angehen wollen, und ich kann verstehen, weshalb Sie so sehr daran interessiert sind, es auf diese Weise zu tun. Aber ich glaube, Sie haben da etwas übersehen. Ich würde Ihnen gerne erläutern, was das meiner Meinung nach ist.

- Ich gebe zu, dass ich die Angelegenheit so noch nie betrachtet habe, und obwohl Ihre Darstellung überzeugend klingt, würde ich doch gerne näher erläutern, wie ich an das Ganze herangehen würde.

Problembereiche durchsprechen

Die Überzeugung, das Ganze sei mehr oder weniger vergessen, nur weil Sie nun schon so weit gekommen sind, ist unrealistisch. Es gibt sicherlich noch einige Themen, bei denen beide Seiten, eventuell nur vermeintlich, noch weit auseinander liegen.

Sie sind beim Kern des Gesprächs angelangt. Ihr Ziel ist es, eine Einigung herbeizuführen, bei der Sie beide gewinnen. Wenn Sie den nun anstehenden Schritt jedoch nicht offen und ehrlich meistern, dann werden Sie Ihr Ziel nicht erreichen.

Achten Sie auf »mildernde Umstände«

Sie sollten weder zu schnell urteilen noch kapitulieren, ohne eventuell »mildernde Umstände« zu berücksichtigen. Vielleicht hat Ihr Gegenüber derzeit viel Stress mit seiner Arbeit, in Beziehungen zu Kollegen oder zu Hause. Reden Sie darüber. Bohren Sie ein wenig nach. Die Unstimmigkeiten zwischen Ihnen könnten das Symptom von etwas anderem sein. Wenn Sie das »Andere« lösen können, entsteht vielleicht eine Situation, in der Sie beide die Gewinner sind.

An andere verweisen

Bei der Berücksichtigung »mildernder Umstände« könnten Sie auf ein Problem stoßen, das Ihnen zuvor nicht bewusst war und das Sie auch nicht lösen können. So könnte Ihr Mitarbeiter oder Kollege beispielsweise ein persönliches Problem haben, das ihm so sehr zu schaf-

Die unterschiedlichen Standpunkte und Meinungen durchzusprechen, ist sicherlich nicht einfach, denn das verlangt, dass man all seine Kommunikationsfähigkeiten einsetzt. Zögern Sie jedoch nicht, das zu tun!

EINIGE RICHTLINIEN FÜR PROBLEMLÖSUNGEN

- Lesen Sie den Abschnitt über selbstbewusste Kommunikation in Kapitel 2 noch einmal. Achten Sie darauf, dass Sie Ihrem Gegenüber und sich selber Respekt zollen. Sie sollten sich weder aggressiv noch allzu nachgiebig verhalten.
- Wiederholen Sie die gegensätzliche Position Ihres Gegenübers und bitten Sie ihn, seinerseits Ihren Standpunkt zu schildern. Es ist erstaunlich, wie schnell man den Standpunkt anderer Menschen versteht, wenn man ihn in eigenen Worten wiedergibt. Manchmal braucht man nicht mehr zu tun.
- Heben Sie die Vorteile hervor. Fragen Sie sich, was Ihr Gegenüber durch eine Meinungsänderung gewinnen würde, und teilen Sie ihm das mit. Jeder gute Verkäufer hebt die Vorteile der Idee, der Dienstleistung oder des Produkts hervor, das er verkaufen will.
- Konzentrieren Sie sich darauf, beide Seiten gewinnen zu lassen. Wenn Ihnen das zu weit geht, dann suchen Sie einen Kompromiss. Vermeiden Sie jedoch um jeden Preis eine Situation, in der einer gewinnt und der andere verliert, oder gar beide verlieren. Wenn Sie in einer Sackgasse gelandet sind, schlagen Sie eine Pause vor, und versuchen Sie es später noch einmal.

fen macht, dass seine Arbeitsleistung darunter leidet. Wenn Sie ihn in diesem Fall an jemanden verweisen können, der ihm helfen kann, sollten Sie das sicherlich tun.

Führen all Ihre Vorschläge bei einem Kollegen zu nichts und senkt das Problem weiterhin dessen Arbeitsleistung, dann müssen Sie vielleicht mit Ihrem Vorgesetzten oder der Personalabteilung reden.

Wenn Sie offen dafür sind, schildert Ihr Gegenüber Ihnen vielleicht sein Problem, aber versuchen Sie sich keinesfalls als Amateurpsychologe. Sie brauchen lediglich genügend Information, damit Sie ihn an die entsprechende Stelle verweisen können.

Die Lösung

Entwickeln Sie gemeinsam einen Plan. Ziel des Gesprächs ist es, einen Weg zu finden, um die vorhandenen Schwierigkeiten zu lösen. In dieser Phase haben Ihr Gegenüber und Sie Meinungen ausgetauscht, die Bereiche, in denen Sie sich nicht einig sind, ausführlich durchgesprochen und nach einer Lösung gesucht, die zu Ihrer beider Vorteil ist. Der nächste Schritt lautet nun: »Wie können wir die Schwierigkeiten lösen?« Es geht um eine gemeinsame Lösung. Wenn Sie versuchen, den eigenen Plan einem Kollegen oder Vorgesetzten aufzuzwingen, wird das – wenn überhaupt – die Lage nur kurzzeitig entspannen. Am Ende sind Sie wieder genau da, wo Sie angefangen haben.

Der Plan sollte auflisten, was im Einzelnen getan werden muss, wer es unter welchen Umständen tut und bis wann was erledigt sein sollte. Wenn Sie diesen Plan gemeinsam entwickeln, dann wird er weitaus besser funktionieren, und genau das wollen Sie ja auch.

Überprüfen Sie, wie Ihr Gegenüber zu der Einigung steht

An diesem Punkt angelangt, sollten Sie sich noch einmal vergewissern, dass Sie beide auf derselben Wellenlänge liegen. Bitten Sie Ihr Gegenüber, Ihre Einigung noch einmal in eigenen Worten zu schildern, wie er sie interpretiert. Sie könnten die Übereinstimmung auch schriftlich fixieren und beide unterzeichnen. Sie sollten sich immer vergewissern, dass Sie den Plan auf dieselbe Art und Weise verstehen.

Zusammenfassung des Gesprächs

Es kommt nur selten vor, dass zwei Menschen ein und dieselbe Sache auf die gleiche Weise sehen. Während Sie das Gespräch und seine Folgen auf Ihre Weise sehen, ist es sehr gut möglich, dass Ihr Gegenüber das ganz anders sieht. Bei diesen letzten Schritten sollte man also zunächst den anderen bitten, seine Sicht auf das Geschehen und das, was Sie vereinbart haben, noch einmal zusammenzufassen. Unterscheidet sich Ihrer beider Wahrnehmung, dann sollten Sie das jetzt herausfinden und gegebenenfalls zurechtrücken.

Unterstützung

Nachdem beide Parteien sich über den Inhalt und die Folgen ihres Gesprächs einig sind, sollte das Ganze mit einer positiven Note beendet werden. Erklären Sie, dass Sie sich für die Sache engagieren werden, und dass Sie davon überzeugt sind, dass auch Ihr Gegenüber sich dem Plan verpflichtet fühlt. Bieten Sie Ihre Unterstützung an, falls das notwendig sein sollte. Beenden Sie das Gespräch in einer guten Stimmung.

Durchhalten

Ohne Durchhaltevermögen sind alle Pläne und Anstrengungen für die Katz.

Wenn die Frist, die Sie sich gesetzt haben, erreicht ist, sollten Sie sich gemeinsam hinsetzen und die Resultate analysieren. Dabei sind folgende Fragen wichtig:

Hat der Plan funktioniert?

Falls nicht, woran lag es?

Hatte der oder die andere die Gelegenheit, die notwendigen Änderungen durchzuführen – und hat er oder sie diese durchgeführt?

Wenn es sich bei der Angelegenheit um eine formelle Maßnahme handelt und der oder die Betreffende ihren Teil des Plans nicht erfüllt hat, dann könnte das bedeuten, dass Sie ihn oder sie entlassen müssen.

Wenn es sich sich um einen Kollegen handelt, sind Sie nicht in der Position, ihn zu feuern, aber Sie haben durchaus das Recht, mit Ihrem Vorgesetzten darüber zu reden. Wenn Sie alles getan haben, was Sie tun können, sollten Sie womöglich um Hilfe bei dafür zuständigen Stellen bitten, insbesondere wenn es sich um ein juristisches Problem handelt. Bitten Sie Fachleute um Rat, oder – noch besser – bitten Sie die zuständige Person oder Abteilung, die Angelegenheit für Sie zu klären.

JEMANDEN ENTLASSEN

- Tun Sie es ohne Umschweife.
- Tun Sie es schnell.
- Wählen Sie selbst den Zeitpunkt.
- Feuern Sie Leute nicht am Freitagnachmittag.
- Erläutern Sie die Gründe.
- Sprechen Sie die Dinge genau an: »Wir waren uns über diesen Plan einig, aber Sie haben Ihre Versprechen nicht eingehalten.«
- Wenn Sie in der Lage sind, dem Betroffenen irgendwie zu helfen, indem Sie ihn beispielsweise an einen außerbetrieblichen Berater verweisen oder ähnliches, sollten Sie das im Entlassungsgespräch erwähnen.

Versuchen Sie mal etwas anderes

Natürlich steht nicht in jeder Situation alles auf dem Spiel, und es muss auch nicht damit enden, dass der andere entweder nachgibt oder entlassen wird. Als Vorgesetzter stehen einem noch andere Mittel zur Verfügung, als den eigenen Willen partout durchzusetzen und andernfalls den Betreffenden zu entlassen. Das beweist die folgende Geschichte eines Managers, der sich an eine Situation erinnert, in der scheinbar nichts funktionierte, einschließlich der Warnung, dass der Job auf dem Spiel stünde. Der Manager hielt seine Mitarbeiterin weder für dumm noch für einen hoffnungslosen Fall. Er war ganz sicher, dass er irgendwie zu ihr durchdringen konnte, und war fest entschlossen herauszufinden, wie. Lassen wir ihn selber zu Wort kommen:

»Mary Ann war »schwierig«, man konnte kaum mit ihr reden. Ich wusste nie, ob sie etwas nicht konnte oder einfach nicht wollte; aber sie dazu zu bewegen, etwas zu sagen, war, als würde man ihr einen Zahn ziehen. Man könnte ihre Einstellung so charakterisieren: ‚Das ist nicht mein Problem; das gehört nicht zu meiner Arbeit; in der Vergangenheit haben wir es immer anders gemacht.‘ Die unausgesprochene Botschaft lautete: Alles soll beim Alten bleiben.

Es wäre leicht gewesen, sie zu feuern oder zu ignorieren, und ich stand immer wieder kurz davor, bis ich mir ihr Verhalten einmal genauer ansah. Meine Strategie, Sie zur Kooperation zu bewegen, umfasste 6 Schritte:

Die angestrebten Veränderungen einfach und kurz halten; sie in einfache Schritte unterteilen und immer nur jeweils einen Schritt präsentieren.

Der Angelegenheit den Dringlichkeitscharakter nehmen; keinesfalls bedrohlich klingen und langsam vorgehen.

Jeden Schritt einzeln durchgehen und schriftlich fixieren, um zu gewährleisten, dass wir die Aufgabe auf die gleiche Art und Weise verstehen.

Ab und zu vorbeischauen und sich erkundigen, wie es ihr geht.

Ihr Komplimente über ihre Fortschritte machen und Fehler nicht übermäßig kritisieren.

Sie mit Vorteilen ködern, die zu ihren Bedürfnissen passen.

Diese Strategie funktionierte, aber es dauerte lange und forderte mir eine Menge Disziplin und Geduld ab. Beides gehörte damals nicht zu meinen Stärken.«

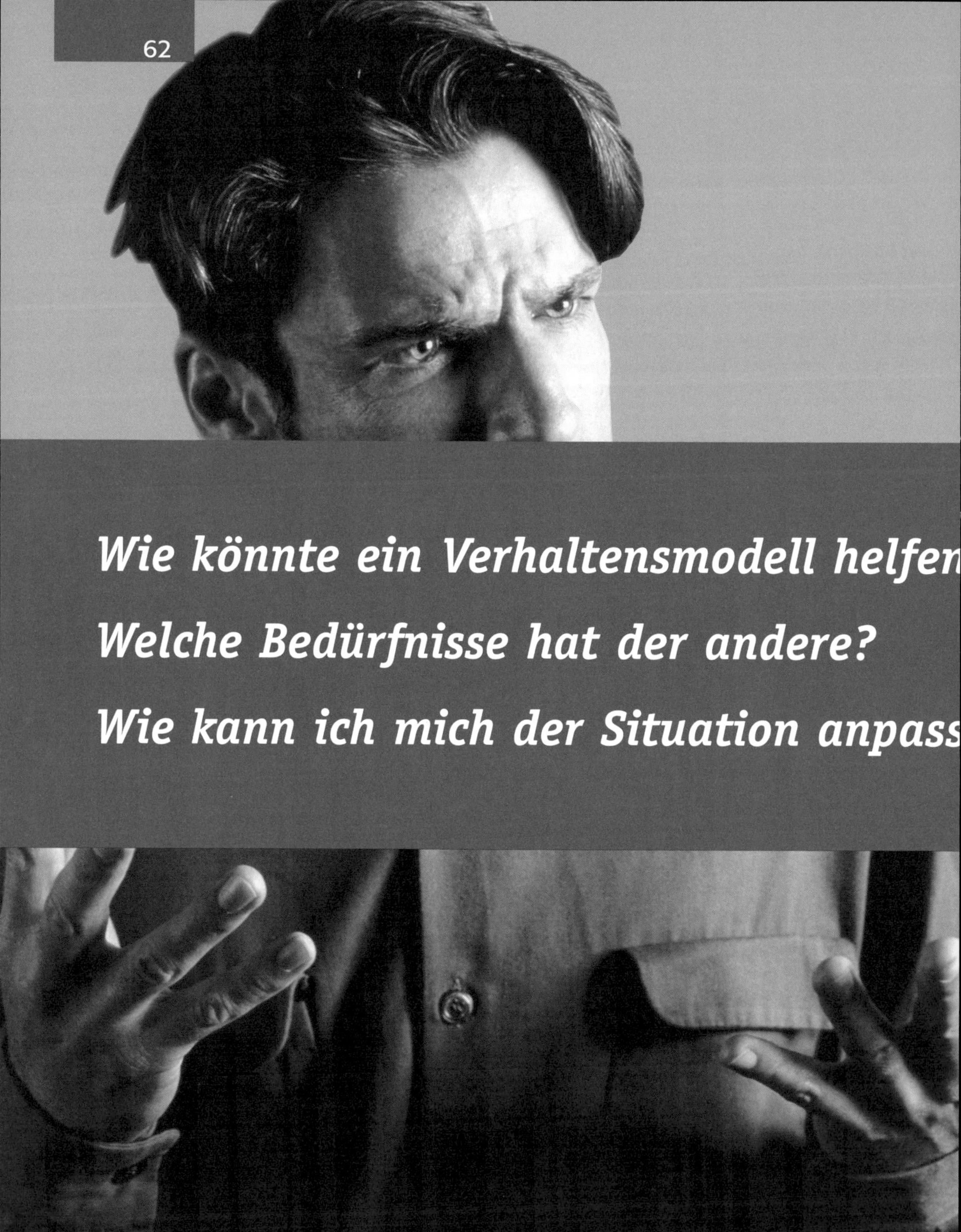

Wie könnte ein Verhaltensmodell helfen

Welche Bedürfnisse hat der andere?

Wie kann ich mich der Situation anpass

5

Maslows Pyramide

**Der Umgang mit schwie-
rigen Vorgesetzten**

**Der Umgang mit
schwierigen Kollegen**

**Den 10-Punkte-Plan den
eigenen Bedürfnissen
anpassen**

Maslows Pyramide

Fast jedes Buch über den Umgang mit Menschen bezieht sich auf Maslows »Bedürfnispyramide« – egal um welche Menschen es sich handelt, egal welche Beziehung man zu ihnen hat, egal unter welchen Umständen. Der berühmte Psychologe Abraham Maslow definierte eine Reihe menschlicher Grundbedürfnisse und ordnete sie in eine Hierarchie ein, die von dem Bedürfnis zu überleben bis hin zu dem nach transzendenter Erfahrung reicht.

Das Verhalten menschlicher Wesen wird von den momentan dringlichsten, unerfüllten Bedürfnissen motiviert. Was die exakte Reihenfolge dieser Bedürfnisse auf der Pyramide betrifft, gibt es unterschiedliche Meinungen. Die unten dargestellte ist die am meisten verbreitete. Wenn unser Bedürfnis der untersten Ebene nicht befriedigt wird, werden wir wohl kaum motiviert sein, uns um die nächsthöhere Ebene zu kümmern. Wird also unser Bedürfnis nach Nahrung und

Abraham Maslow, Bedürfnishierarchie (1964)

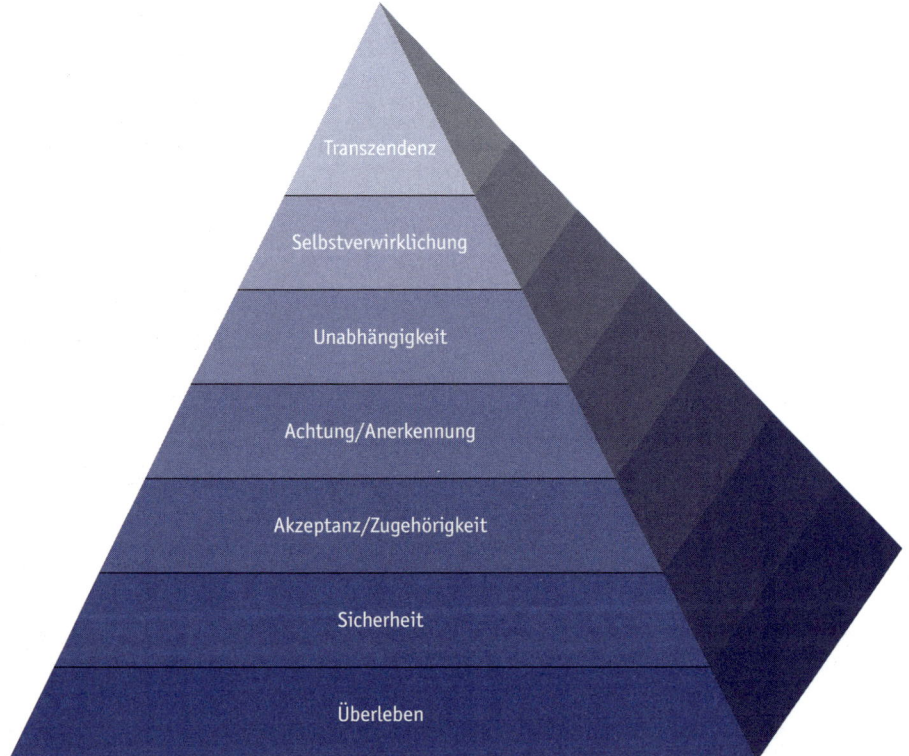

Transzendenz

Selbstverwirklichung

Unabhängigkeit

Achtung/Anerkennung

Akzeptanz/Zugehörigkeit

Sicherheit

Überleben

einem Dach über dem Kopf nicht befriedigt, dann können wir kaum an etwas anderes denken. Haben wir jedoch genug zu essen und eine Wohnung, dann konzentrieren wir uns auf das nächsthöhere Bedürfnis, in diesem Fall auf unsere Sicherheit.

Überleben

Dieses Bedürfnis ist fundamental und biologisch. Es umfasst alles, was wir unbedingt brauchen, damit wir überleben und funktionieren können. Dazu gehört das Bedürfnis nach Nahrung, Trinken, Behausung und Schlaf.
Damit die fundamentalen Bedürfnisse am Arbeitsplatz erfüllt sind, braucht man eine entsprechende Entlohnung, Arbeitspausen und ein sicheres Arbeitsumfeld.

Sicherheit

Wir brauchen alle die Gewissheit, dass die Welt, in der wir leben, dauerhaft und einigermaßen vorhersagbar ist, und dass wir vor Angriffen sicher sind. Zu unseren Sicherheitsbedürfnissen gehört auch der Schutz vor Gewalt oder Chaos, ein Gefühl der Ordnung und Stabilität und die Abwesenheit von Furcht.
Damit man sich an seinem Arbeitsplatz sicher fühlt, muss erkennbar sein, dass die Sicherheit für das Management Priorität hat, dass die Regeln und Richtlinien vorhersagbar sind, dass die Firma

stabil und die Atmosphäre von einem vernünftigen und höflichen Umgang geprägt ist.

Akzeptanz/Zugehörigkeit

Zu den wichtigsten sozialen Bedürfnissen gehört Gemeinschaft, Liebe, Zuneigung und die Zugehörigkeit zu einer Gruppe. Diese Bedürfnisse werden durch die Unterstützung anderer, durch harmonische Beziehungen, Freundschaften und das Gefühl, zu einer Gemeinschaft zu gehören, befriedigt.
Am Arbeitsplatz äußert es sich durch den Wunsch nach Kollegialität und Teamgeist, wobei die Mitarbeiter ermutigt werden, zusammenzuarbeiten – statt miteinander zu konkurrieren.

Achtung/Anerkennung

Dieses Bedürfnis wird durch einen guten Ruf, durch Status und Prestige befriedigt, aber auch durch Bestätigung, Selbstrespekt und das Gefühl, man sei etwas wert. Das Bedürfnis wird erfüllt, wenn andere uns in unserem persönlichen und professionellen Leben respektieren, wenn wir das Gefühl haben, unsere Arbeit meistern zu können, und wenn unsere Leistungen anerkannt, gelobt oder belohnt werden.

Unabhängigkeit

Unser Bedürfnis nach Unabhängigkeit bezieht sich vor allem auf das Private,

Es ist fast schon Magie, wenn man in der Lage ist, die Bedürfnisse anderer zu erkennen und diese angemessen zu befriedigen. Und es ist auch eine fundamentale Fähigkeit in allen menschlichen Beziehungen, am Arbeitsplatz und anderswo.

Individuelle, auf unsere Verantwortung und Selbstbestimmung. Wir möchten ein selbstbestimmtes Leben führen, die Situation im Griff haben, agieren, statt nur zu reagieren, und uns auf unsere Fähigkeiten verlassen können. Autonomie bedeutet in der Lage zu sein, seine Arbeit ohne übermäßigen Druck oder Kontrolle erledigen zu dürfen. Selbstbestimmung beinhaltet auch, dass man selbst für seine Karriere und Erfolge verantwortlich ist.

Selbstverwirklichung

Dieses Bedürfnis hat etwas mit der Verwirklichung des eigenen Potenzials zu tun, dass man nämlich wird, was man sein kann. Es steht für die menschliche Triebfeder, sich zu entwickeln, zu wachsen, zu lernen und zu reifen – und für das Gefühl, sein Leben immer mehr im Griff zu haben.

Menschen mit dem Bedürfnis nach Selbstverwirklichung möchten Herausforderungen meistern. Sie sind nicht damit zufrieden, ihre Stunden abzureißen oder die Arbeit nur zu erledigen, sondern man muss sie ermutigen, die in sie gesetzten Erwartungen noch zu übertreffen.

Transzendenz

Dieses Bedürfnis betrifft die spirituelle Dimension unseres Lebens. Es geht über jede Form der Selbstverwirklichung hinaus und hängt mit der Suche nach Schönheit, Weisheit, einem tieferen Verständnis der Welt und dem Empfinden, mit dem Göttlichen verbunden zu sein, zusammen. Auch dieses Bedürfnis lässt sich am Arbeitsplatz befriedigen. Alles, was es Menschen ermöglicht, aufeinander zuzugehen, zu forschen und zu lernen, ist ein Schritt zur Erfüllung dieses Bedürfnisses.

Weshalb sollte man seine Einstellungen und sein Verhalten den Bedürfnissen anpassen?

Wenn man die Bedürfnisse anderer versteht, weiß man, was Menschen »ticken lässt« und weshalb sie sich so verhalten, wie sie es tun. Wer weiß, auf welcher Stufe der Bedürfnispyramide andere Menschen sich befinden, kann sie besser erreichen und motivieren. Das wiederum erleichtert einem die Aufgabe, eine harmonische Arbeitsbeziehung herzustellen. Man kann die Bedürfnispyramide an jedes andere Verhaltensmodell anpassen.

Übersicht

In den unten abgebildeten Kästen werden vier grundlegende Verhaltenstypen dargestellt: »proaktiv« (die oberen zwei Kästen), »reaktiv« (die unteren zwei), »nicht fürsorglich« (die zwei Kästen links) und »fürsorglich« (die zwei rechts). Diese vier Kästen sind ein weiteres Instrument, mit dem Sie die Verhaltensformen bestimmter Menschen einordnen können.

Fügt man diesen Grundeinstellungen die Bedürfnisse und Verhaltensweisen hinzu, vervollständigt sich das Bild.

PROAKTIV (DOMINANT) + NICHT FÜRSORGLICH

Verhaltensweisen: übernehmen die Kontrolle, leiten das Ganze, sind der Star, nehmen das Lob für sich in Anspruch ... tun, was nötig ist, damit alles nach ihrem Willen geschieht und verlieren leicht die Geduld, wenn das nicht passiert ... benutzen Wut als Waffe.

Bedürfnisse: Achtung, Anerkennung, Unabhängigkeit

PROAKTIV (ENTSCHLUSS-KRÄFTIG) + FÜRSORGLICH

Verhaltensweisen: leiten gerne, treffen harte Entscheidungen und lieben Herausforderungen ... teilen das Lob, haben die Lage im Griff und nicht die Menschen ... hören auf Kritik ... tun, was ihrer Meinung nach das Beste ist ... sind beherrscht ... konzentrieren sich auf die Aufgabe.

Bedürfnisse: Unabhängigkeit, Selbstverwirklichung

REAKTIV (PASSIV) + NICHT FÜRSORGLICH

Verhaltensweisen: gehen Verantwortung, Konfrontationen und dem Rampenlicht aus dem Weg ... behalten ihre Gedanken und Gefühle für sich ... lassen sich schlecht behandeln, sind aber insgeheim wütend, hegen Groll oder schmollen ... geben ihre Ideen und Meinungen nicht preis.

Bedürfnisse: Sicherheit

REAKTIV (UNSCHLÜSSIG) + FÜRSORGLICH

Verhaltensweisen: treffen lieber keine Entscheidungen, fürchten sich vor der Wut anderer, lehnen leitende Positionen für sich ab ... sind gerne Teil eines Teams und überlassen anderen das Lob ... erzählen anderen mehr, als diese wissen wollen oder müssen ... sind schnell verletzt.

Bedürfnisse: Akzeptanz, Zugehörigkeit

Schwierige Vorgesetzte

Wir neigen alle dazu, Vorgesetzte in zwei Gruppen zu teilen, in effektive und schwierige Chefs. Effektive Vorgesetzte fördern die Arbeitsleistungen, loben gute Leistungen und richten ihre Aufmerksamkeit auf das, was für die Abteilung oder das Team das Beste ist. Schwierige Vorgesetzte fördern Unstimmigkeiten, unterminieren Arbeitsleistungen und verunsichern Leute, die ihnen Bericht erstatten müssen.

Man kann den Einfluss, den Ihr Chef auf Ihr Leben hat, kaum unterschätzen. Von allen schwierigen Arbeitsbeziehungen gibt es kaum eine, die so viel Leid verursachen kann wie die zu einem schwierigen Vorgesetzten.

Viele Leute glauben zwar, dass die meisten Vorgesetzten nicht sonderlich effektiv sind, aber wirklich schlechte Vorgesetzte können ihren Mitarbeitern tatsächlich Schaden zufügen. Schwierige Vorgesetzte sind ein derart häufiges Phänomen, dass die meisten Leuten ihre Verhaltens-Stereotypen leicht erkennen. Man kann die Beziehung zu seinem Vorgesetzten auf verschiedene Art und Weise betrachten. Man kann ihn als jemanden sehen, der Ihr Arbeitsleben völlig unter Kontrolle hat. Oder man erfährt ihn als eine Person, deren unangenehmes Verhalten man irgendwie ertragen muss. Man könnte ihn auch als Partner betrachten, mit dem man zusammenarbeiten muss, damit die Firma und man selber davon profitiert.

Wie Sie Ihren Vorgesetzten sehen, hängt von vielen Dingen ab: von seinem und Ihrem Stil, von Ihrer beider Verhaltensweisen, von den Erfahrungen, die Sie mit anderen Vorgesetzten gemacht haben, und von Ihrem Job.

EIN SCHWIERIGER VORGESETZTER KÖNNTE:

- selber das Lob und die Aufmerksamkeit einheimsen
- seine Mitarbeiter einschüchtern
- seine Untergebenen gönnerhaft behandeln
- Leuten das Leben so schwer machen, dass sie kündigen
- Karrieren sabotieren
- sich aufspielen
- kein Feed-back geben
- Probleme unter den Teppich kehren
- Schwierigkeiten aufblasen
- Aufträge wie Befehle erteilen
- sich weigern, mit Leuten zu reden
- nicht mitspielen

EIN EFFEKTIVER VORGESETZTER KANN:

- gut mit Leuten umgehen
- klar und direkt kommunizieren
- seinen Mitarbeitern helfen, Ziele zu setzen und sie zu erreichen
- sich die Zeit nehmen, den Leuten zuzuhören
- Arbeit delegieren und seine Mitarbeiter dann ungestört machen lassen
- sich selbst und andere respektieren
- Risiken eingehen
- die Teamarbeit fördern und deren innere Harmonie stärken
- der Abteilung oder der Arbeitsgruppe das Gefühl vermitteln, dass ihre Arbeit sinnvoll ist

Der Diktator

Manche Diktatoren sind deshalb solche Tyrannen, weil das der einzige Managementstil ist, den sie jemals kennen gelernt haben, und weil Vorgesetzte diesen Stil unterstützen, da Sie ihn für erfolgreich halten. Andere Diktatoren sind nur wütende
Menschen, die noch nicht gelernt haben, ihre Gefühle zu beherrschen oder ihre Wut
konstruktiv einzusetzen.

Einstellung

proaktiv (dominant) + nicht fürsorglich

Verhaltensweisen

- übernehmen die Kontrolle
- leiten das Ganze
- sind der Star
- nehmen das Lob für sich in Anspruch
- lassen sich huldigen
- tun, was nötig ist, damit alles so geschieht, wie sie es wollen
- verlieren leicht die Geduld, wenn die Dinge nicht nach ihrem Willen geschehen
- benutzen Wut als Waffe

Bedürfnisse

- Achtung/Anerkennung
- Unabhängigkeit

Wie man am besten mit einem Diktator umgeht

- Versuchen Sie, anderen in der Firma Ihren Wert zu beweisen, Leuten, die Ihre
  Fähigkeiten besser zu würdigen wissen und Sie unterstützen.
- Reden Sie mit jemandem, dem Sie vertrauen können.
- Bitten Sie die Personalabteilung um Hilfe.
- Falls es um Belästigung geht, sollten Sie sich an einen Rechtsanwalt wenden.

Wenn der Vorgesetzte unfähig ist, ist man häufig ziemlich frustriert. Abgesehen davon, dass man sich vielleicht fragt, wie er es in Gottes Namen so weit gebracht hat, ist man sich wahrscheinlich auch sicher, dass man selber seinen Job weitaus besser machen könnte. Sein Problem ist die Angst; dieser lasche Typ hat immer das Gefühl, bedroht zu sein.

Der lasche Typ

Dieser Vorgesetzte wurschtelt sich durch den Tag, geht Entscheidungen aus dem Weg, kommuniziert kaum und tut sein Bestes, bloß keine Wellen zu schlagen; die Abteilung treibt dahin wie ein Schiff ohne Steuermann. Er versucht gewissermaßen, unbemerkt zu bleiben und im Inventar zu verschwinden. Er befürchtet, dass ein anderer, der seine Arbeit besser macht, ihn ersetzen wird. Er fürchtet, dass, wenn er schon eine Entscheidung treffen muss, diese falsch ist, und hat Angst, für Fehler seiner Mitarbeiter getadelt zu werden.

Einstellung
reaktiv (passiv) + nicht fürsorglich

Verhaltensweisen
- geht Verantwortung, Konfrontationen und dem Rampenlicht aus dem Weg
- behält seine Gedanken und Gefühle für sich
- lässt sich schlecht behandeln, ist aber insgeheim wütend, hegt einen Groll oder schmollt
- gibt seine Ideen und Meinungen nicht preis

Bedürfnisse
- Sicherheit

Wie man am besten mit einem laschen Typ umgeht
- Versuchen Sie, ohne die Gerüchteküche zu bemühen, herauszufinden, was andere von ihm halten.
- Versuchen Sie, ein Gefühl dafür zu bekommen, wie sicher seine Position in der Firma ist.
- Bringen Sie ihn nicht in Verlegenheit.
- Schützen Sie ihn vor Situationen, in denen seine Schwächen offenbar würden.
- Übernehmen Sie mehr Verantwortung.
- Halten Sie Ihre Arbeitsleistung als Beweis Ihrer Fähigkeiten schriftlich fest.
- Bewerben Sie sich um einen anderen Job in der Firma.
- Reden Sie mit jemandem in der Personalabteilung.
- Überlegen Sie sich, eine andere Arbeitsstelle zu suchen.

Der väterliche/mütterliche Typ

Dieser Vorgesetzte fühlt sich für seine Mitarbeiter so verantwortlich, wie er sich für seine Kinder verantwortlich fühlen würde, und seine Abteilung ist ähnlich gut durchorganisiert wie seine Familie daheim. Einerseits ist er hart, anspruchsvoll, fordernd und äußert sein Missfallen leicht. Andererseits bringt er sehr viel Sympathie für kranke Mitarbeiter auf – besteht darauf, dass sie nach Hause gehen, empfiehlt Ärzte und tut alles, was er kann, um ihnen das Leben zu erleichtern. Das Problem ist natürlich, dass seine Mitarbeiter keine Kinder sind. Aber er sieht sie so und behandelt sie nicht wie ihm ebenbürtige oder kompetente Erwachsene.

Einstellung
reaktiv (unschlüssig) + fürsorglich

Verhaltensweisen
- geht Entscheidungen aus dem Weg, fürchtet sich vor der Wut anderer, scheut davor zurück, die Leitung zu übernehmen
- ist am liebsten Teil des Teams
- überlässt anderen das Lob
- erzählt anderen mehr, als diese wissen wollen oder müssen
- ist schnell verletzt

Bedürfnisse
- Akzeptanz/Zugehörigkeit

Wie man am besten mit einem Väterlichen/Mütterlichen Typ umgeht
- Verhalten Sie sich nie wie ein Kind.
- Wahren Sie die Beherrschung.
- Bleiben Sie auch bei Konfrontationen cool.
- Zeigen Sie Respekt, ohne unterwürfig zu sein.
- Bleiben Sie in Ihrer Mitte.
- Werden Sie nicht zu persönlich; achten Sie darauf, dass die Beziehung sachlich bleibt.

Der inspirierende Chef ist einer dieser seltenen Menschen, zu denen wir uns einfach hingezogen fühlen. In der Gegenwart solcher Leute spürt man etwas Besonderes, eine Art Magnetismus. Ihre Energie ist buchstäblich ansteckend, und sie inspirieren uns. Wenn solche Menschen ihre Gabe für ihre Mitarbeiter und die Firma einsetzen, sind Sie Gold wert.

Der inspirierende Chef

Ein inspirierender Vorgesetzter kann jeden Streit schlichten, ein effektives Team aus seinen Mitarbeitern schmieden, das Potenzial seiner Leute erkennen, auch wenn diese es selbst nicht erkennen, und die Karriere auf mancherlei Art und Weise fördern. Er kann ein wunderbarer Mentor sein – immer gute Arbeitsleistungen lobend, behilflich, wo es gilt, eigene Schwächen zu überwinden – und jemand, der seine Leute gerne ins Rampenlicht stellt. Obwohl er eine geborene Führungspersönlichkeit ist, ist er nicht unbedingt ein Teamspieler. Er hat zwar immer den großen Zusammenhang im Auge, aber Details können ihn langweilen.

Einstellung
proaktiv (entschlusskräftig) + fürsorglich

Verhaltensweisen
- leitet gerne, trifft klare Entscheidungen und liebt Herausforderungen; teilt das Lob, hat die Lage im Griff und nicht die Menschen
- hört auf andere
- tut, was seiner Meinung nach das Beste ist
- ist beherrscht
- konzentriert sich auf die Aufgabe

Bedürfnisse
- Unabhängigkeit/Selbstverwirklichung

Wie man am besten mit einem inspirierenden Chef umgeht
- Seien Sie ehrlich und direkt.
- Geben Sie ihm Feed-back; erzählen Sie ihm, wie es Ihnen geht, wie es anderen geht und was in der Abteilung geschieht.
- Teilen Sie Ihr Wissen, Ihr Talent, Ihre Informationen und Ihr Fachwissen mit ihm.
- Verhalten Sie sich proaktiv, selbstsicher und motiviert.
- Werden Sie zum Experten, was Details betrifft.
- Sorgen Sie dafür, dass er strahlen kann.
- Unterstützen Sie ihn organisatorisch und geben Sie ihm Bestätigung.
- Werden Sie zu einer Inspiration für ihn.

Ein Sonderfall: Der süchtige Vorgesetzte

Wie kann man erkennen, ob ein Vorgesetzter ein Drogen- oder Alkoholproblem hat? Hier ein paar Hinweise:

- ungewöhnliches Verhalten, besonders nach dem Mittagessen
- verspätet sich morgens oft, besonders montags
- die alte Klarheit ist verschwunden
- macht während der Arbeit öfters ein Nickerchen
- redet unangemessen über persönliche oder finanzielle Schwierigkeiten
- leidet häufig unter eigenartigen Stimmungsschwankungen
- plötzliche verbale Ausbrüche
- ungewöhnlich depressives Verhalten
- riecht nach Alkohol
- trinkt bei sozialen Gelegenheiten außergewöhnlich viel

Wie man am besten mit einem süchtigen Chef umgeht

- Machen Sie sich den Zündstoff der Situation klar und klären Sie die eigene Position in diesem Zusammenhang.
- Seien Sie vorsichtig; setzen Sie sich und Ihren Chef keinem Risiko aus.
- Versuchen Sie nicht, sein Problem zu ergründen.
- Zeigen Sie ihm Ihre Sorge und Ihr Mitgefühl.
- Wenn es ein entsprechendes Programm in der Firma gibt, bitten Sie um ein Gespräch; äußern Sie Ihre Sorgen, belegen Sie die Fakten und bitten Sie um Hilfe.
- Suchen Sie Hilfe bei jemandem in der Personalabteilung, dem Sie vertrauen.
- Wenn nichts fruchtet, bitten Sie Ihren Chef um ein persönliches Gespräch und reden Sie über das, was Sie beobachtet haben. Bleiben Sie bei dem Gespräch bei den Fakten und Verhaltensweisen und äußern Sie Ihre Sorge. (Solch ein Gespräch ist äußerst schwierig und mit großen Risiken behaftet.)

Schwierige Kollegen

In Beziehungen zu Kollegen hat keiner der beiden wirklich »Macht« über den anderen. Theoretisch haben Sie den gleichen Status. Ist der Kollege aber auf einer anderen Wellenlänge, beharrt er strikt auf seiner Unabhängigkeit, wetteifert lieber, als zusammenzuarbeiten, oder verhält sich einfach nur asozial, dann haben Sie ein Problem.

Auch wenn man nicht versucht, ein harmonisches Arbeitsumfeld zu schaffen, könnte es dennoch ein Problem sein, mit so einem schwierigen Menschen auf dem gleichen Planeten zu leben – jemand, mit dem man nichts gemein hat und dessen liebste Beschäftigung scheinbar darin besteht, anderen das Leben und die Arbeit zur Hölle zu machen.

Fassen Sie Mut. Es gibt Mittel und Wege, auch mit solch einem Menschen zurechtzukommen, und auch wenn Sie wohl keine Freundschaft mit ihm schließen werden, müssen Sie dennoch keine Feinde sein. Von Nachteil ist natürlich, das Sie keine Handhabe gegen ihn haben – aber das hat er umgekehrt auch nicht. Sie fangen also auf der gleichen Ebene an.

Versuchen Sie sich nicht als Psychologe

Sie sind kein Therapeut und sollten sich daher auch nicht als solcher gebärden. Auch wenn Sie hundertmal raten dürften, kämen Sie wahrscheinlich trotzdem nicht darauf, was mit Ihrem Kollegen los ist.

Wenn Sie ihm den Vorteil des Zweifels zugestehen, dann könnten Sie von einer der folgenden beiden Möglichkeiten ausgehen: Entweder ist irgendetwas in seinem Privatleben los, und sein Verhalten hat nichts mit Ihnen persönlich zu tun, oder aber Ihre Beziehung hat sich verschlechtert, und das Verhalten hat sehr wohl etwas mit Ihnen zu tun.

Sehen Sie der Sache ins Gesicht

Wer fragt, der erfährt, was los ist; aber eigentlich ist das das Letzte, was Sie tun möchten. Wenn Sie können, dann sagen Sie etwas, was er nicht als Angriff auf sich oder sein Verhalten auffasst, z. B.: »Ich habe das Gefühl, dass zwischen uns eine Spannung herrscht, die ich sehr gerne lösen würde. Wenn ich etwas getan habe, was Sie stört, dann sagen Sie mir das bitte, damit wir die Angelegenheit klären können.«

Das bestmögliche Resultat wäre, wenn er antworten würde, dass das Ganze nichts mit Ihnen zu tun hat, sondern dass ihn andere Sachen beschäftigen, oder dass Sie tatsächlich etwas getan haben, und zwar dieses und jenes. Das unangenehmste Resultat wäre, wenn Sie keinerlei neue Informationen erhielten. Wie dem auch sei, Sie haben Ihr Bestes getan.

Werden Sie nicht persönlich

Probleme bauscht man am besten dadurch auf, dass man sie persönlich nimmt: Entweder bezieht man das Gespräch auf sich und fühlt sich verletzt, oder man greift den anderen an und verletzt ihn.

Starke Verletzungen kann man beispielsweise mit folgenden Aussagen erzielen: »Sie haben eine falsche Einstellung«, oder »Alle Information stapelt sich bei Ihnen, und die ganze Abteilung leidet darunter« oder »Wir haben den Auftrag verloren, weil Sie die Frist versäumt haben«. Wenn Sie so etwas sagen wollen, sollten Sie sich zurückhalten und noch einmal überlegen, wie Sie das transportieren, was Ihnen eigentlich auf dem Herzen liegt.

Halten Sie sich an die Tatsachen

Manchmal ist es gar nicht so leicht, Sachen von der Person zu trennen, die damit zu tun hat, aber man sollte es auf jeden Fall versuchen. Konzentrieren Sie sich auf das Problem, die Politik, den Bereich der Unstimmigkeiten, und nicht auf persönliche Charakterzüge. Es ist durchaus erlaubt, starke Gefühle zu äußern, aber sie sollten sorgfältig ver-

packt sein. Wenn man seine Botschaft gut verpackt, heißt das nicht, dass man unehrlich ist, sondern diplomatisch und klug. Viele Menschen kommen auch mit harten Wahrheiten zurecht, man muss sie nur entsprechend verpacken.

Bleiben Sie selbstbewusst

Wenn wir wütend oder frustriert sind, vergessen wir leicht, was wir über selbstbewusste Kommunikation gelernt haben. Wir neigen entweder zu aggressivem Verhalten und dominieren den anderen, oder aber wir verhalten uns passiv und kapitulieren, ohne uns zu wehren. Es gilt jedoch, in seiner Mitte zu bleiben und Respekt zeigen: Respekt für den anderen und für sich selbst. Wenn Sie diese Einstellung kultivieren, dann werden Sie immer auf die richtige Art und Weise kommunizieren.

Wenn Sie sich selbst respektieren, geraten Sie nicht in die Defensive und müssen nicht nachgeben. Tatsache ist, Sie werden einen Angriff gar nicht erst zulassen.

Wenn Sie andere respektieren, greifen Sie sie nicht an. Vielmehr werden Sie nach einem Weg suchen, Ihren Standpunkt zu äußern, ohne den anderen dabei herabzusetzen.

Schwierige Mitarbeiter

Es wird immer schwierige Mitarbeiter geben – eine einzigartige Herausforderung. Wenn wir uns noch einmal den Verhaltensmodellen und der Bedürfnishierarchie zuwenden, können wir die Faktoren leichter verstehen, die zu schwierigem Verhalten führen. Sehen Sie sich folgende Beschreibungen an. Nochmals: Wenn Sie ein Bedürfnis verstehen, wissen Sie, wie man am besten damit umgeht.

Der Star

Der Star könnte sich in etwa so äußern: »Hören Sie mir aufmerksam zu, überhäufen Sie mich mit Lob und geben Sie mir genügend Raum, meine Sachen auf meine eigene Art und Weise zu machen.«

Einstellung
proaktiv (dominant) + nicht fürsorglich

Verhaltensweisen
- will immer gewinnen; schlechter Verlierer
- nimmt Lob für sich in Anspruch; will immer im Mittelpunkt stehen; will Lob nicht teilen
- wertet auch kleinste Bemerkungen schnell als Beleidigung
- fällt Menschen ins Wort; dominiert Gespräche
- schwingt große Reden; hat zu jedem Thema eine Meinung
- legt Wert auf seine Position und Statussymbole
- hat Schwierigkeiten im Team
- neigt dazu, mit seinen Leistungen zu prahlen

Bedürfnisse
- Achtung/Anerkennung
- Unabhängigkeit

Wie man am besten mit einem Star umgeht
- Loben Sie gute Leistungen, am besten in der Öffentlichkeit.
- Geben Sie ihm Raum, seine Gefühle zu äußern, wenn er unter Druck steht.
- Ignorieren Sie aggressive und provokante Fragen oder Aussagen.
- Bitten Sie ihn um Rat und Vorschläge.
- Zeigen Sie ihm deutlich, wie sehr Sie ihn schätzen; vielleicht mit einem besseren Büro oder einer Gehaltserhöhung.

Der Maulwurf

Der Maulwurf könnte sich etwa wie folgt äußern: »Achten Sie nicht auf mich, stellen Sie mir keine Fragen, stellen Sie mich nicht ins Rampenlicht, sagen Sie mir einfach, was ich zu tun habe.«

Einstellung

reaktiv (passiv) + nicht fürsorglich

Verhaltensweisen

- geht Verantwortung, Konfrontationen und dem Rampenlicht aus dem Weg
- behält seine Gedanken und Gefühle für sich
- nimmt schlechte Behandlung hin, ist aber insgeheim wütend, schmollt oder hegt einen Groll
- äußert weder Ideen noch Meinungen
- lässt sich von niemandem in die Karten blicken
- verhält sich bei Unstimmigkeiten neutral
- fehlendes Selbstvertrauen; entschuldigt sich oft
- arbeitet am liebsten allein; distanziert
- hält sich an die Regeln und Richtlinien
- hängt an Traditionen
- sieht die Dinge oft negativ und ist pessimistisch; übervorsichtig
- folgt Anweisungen lieber, als sie zu geben
- zögerlich

Bedürfnisse

- Sicherheit

Wie man am besten mit einem Maulwurf umgeht

- Reden Sie nur privat mit ihm; halten Sie es vertraulich, bringen Sie ihn nicht in Verlegenheit.
- Stellen Sie offene Fragen, um umfassende Antworten zu bekommen.
- Fixieren Sie die Dinge schriftlich.
- Stellen Sie ihm Ideen nur Schritt für Schritt vor; vermeiden Sie Überraschungen.
- Ihre Anweisungen sollten immer kristallklar sein; bitten Sie ihn, sie zu wiederholen.
- Erkennen Sie an, dass Veränderungen immer schwierig sind.

»Wecken Sie sein Interesse mit Fragen.«

Der/die Partner/in

Ein Partner würde vielleicht Folgendes sagen: »Wir sollten uns gegenseitig aufmerksam zuhören; ich wünsche mir Verantwortung und eine Herausforderung; lass uns den Job zu Ende bringen.«

Einstellung

proaktiv (entschlusskräftig) + fürsorglich

Verhaltensweisen

- trifft klare Entscheidungen; liebt die Herausforderung
- teilt Aufmerksamkeit gerne mit anderen
- behält die Situation im Griff, und nicht die Leute
- hört zu und denkt darüber nach
- tut, was er für das Beste hält
- setzt sich mit Problemen und gegenteiligen Meinungen auseinander
- teilt seine Ideen, Lob, und Verantwortung mit anderen
- kümmert sich um andere und ihre Bedürfnisse
- will informiert sein und verstehen
- ist ohne Herausforderung schnell gelangweilt
- konzentriert sich auf seine gegenwärtige Aufgabe

Bedürfnisse

- Unabhängigkeit
- Selbstverwirklichung

Wie man am besten mit einem Partner umgeht

- Denken Sie sorgfältig über seine Vorschläge und Ideen nach.
- Verdienen Sie sich seinen Respekt.
- Geben Sie Fehler zu und bitten Sie gegebenenfalls um Entschuldigung.
- Bieten Sie einen Anreiz für die originellste innovative Lösung eines Problems.
- Delegieren Sie nicht nur an ihn, sondern überlassen Sie ihm in bestimmten Bereichen die gesamte Kontrolle – und lassen Sie ihn einfach machen.
- Sprechen Sie Klartext, er kann es ertragen.
- Bestimmen Sie das gewünschte Resultat und überlassen Sie es ihm, wie er es erreicht.

Der Kumpel

Der Kumpel könnte sagen: »Es wäre wunderbar, wenn Du mich magst, Dir meine Geschichten anhörst, mir sagst, wie ich Dir helfen kann; lass uns Freunde sein und Spaß miteinander haben.«

Einstellung

reaktiv (unschlüssig) + fürsorglich

Verhaltensweisen

- trifft lieber keine Entscheidungen, fürchtet sich vor der Wut anderer, möchte keine leitende Funktion haben
- ist gerne Teil eines Teams
- lässt anderen das Lob
- erzählt anderen mehr, als sie wissen wollen oder müssen
- ist schnell verletzt
- sehnt sich danach, akzeptiert und gemocht zu werden
- kann den eigenen Redefluss nicht stoppen
- mag die Menschen gern, und sie ihn
- stimmt zu, macht Kompromisse, gibt leicht nach
- hat Schwierigkeiten, Entscheidungen zu treffen

Bedürfnisse

- Akzeptanz/Zugehörigkeit

Wie man am besten mit einem Kumpel umgeht

- Lassen Sie ihn eine Weile reden.
- Kommen Sie immer wieder auf das Thema zurück, wenn er sich ablenken lässt.
- Zeigen Sie Interesse und Sympathie.
- Sprechen Sie ihn mit Namen an, wenn Sie mit ihm reden.
- Machen Sie ihm häufig Komplimente.
- Teilen Sie ihm etwas Persönliches oder Vertrauliches mit.
- Halten Sie es einfach und optimistisch.
- Lassen Sie ihn wissen, dass andere ihn auch mögen.
- Verschaffen Sie ihm in Meetings extra Zeit, um sich zu äußern.

Meetings

Meetings sind ein wichtiges Glied in der Kommunikationskette eines Unternehmens. Sie sind ein integraler Bestandteil dessen, wie man Geschäfte durchführt und Informationen austauscht. Dennoch können sie auch zur Quelle der Spannungen zwischen Menschen werden und zu Schwierigkeiten führen, besonders wenn man das Gefühl hat, man würde nicht wahrgenommen.

Wenn Sie das Meeting leiten

Wenn Sie ein Meeting leiten, sollten Sie dafür sorgen, dass Diskussionen beim Thema bleiben und die Regeln nicht ignoriert werden, dass nicht alle auf einmal sprechen, keine hitzigen Wortgefechte ausbrechen und Sie die Kontrolle nicht verlieren? Wenn Sie das nicht verhindern konnten und Ihre sorgfältig geplante Diskussion Amok läuft, wie bekommen Sie die Zügel dann wieder in die Hand?

Wenn Sie sehen, dass die Diskussion aus dem Ruder läuft, sollten Sie eingreifen und verhindern, dass die Sache eskaliert. Wenn Sie einen Streit stoppen möchten, der bereits begonnen hat, könnten Sie ihn als Vorsitzender des Meetings unterbrechen. Dabei stehen Ihnen mehrere Optionen zur Verfügung:

Sie könnten zusammenfassen, was bisher gesagt wurde: »Diese Diskussion hat offensichtlich ein Eigenleben entwickelt. Ich werde jetzt die beiden Standpunkte zusammenfassen. Anschließend können wir dann entscheiden, wie wir weiter verfahren.«

Sie könnten allerdings auch eine andere Person bitten, etwas dazu zu sagen: »Bitte entschuldigen Sie einen Moment, aber ich würde gerne Frau Müllers Meinung zu diesem Thema hören. Sie hat das letzte Projekt geleitet und kennt unseren Arbeitsstil ziemlich gut.«

Sie könnten auch die beiden Widersacher bitten, den Standpunkt des jeweils anderen wiederzugeben: »Damit wir ein klareres Bild bekommen: Herr Schmidt, könnten Sie uns bitte sagen, wie der Standpunkt von Frau Müller Ihrer Meinung nach lautet? Falls das nicht ganz korrekt ist, könnte sie eventuell ein Missverständnis aus dem Weg räumen. Dann werden wir das Ganze umgekehrt machen und Frau Müller bitten uns mitzuteilen, was Herr Schmidt uns Ihrer Meinung nach mitteilen möchte.«

Falls alle Stricke reißen, könnten Sie eine Pause anberaumen, in der sich alle Gemüter ein wenig abkühlen können: »Wir wollen eine Viertelstunde Pause machen, damit jeder noch mal darüber nachdenken kann, was er oder sie von diesem Thema hält.«

Alles im Griff

In diesem Zusammenhang spielen zweierlei Formen der Kontrolle eine wichtige Rolle: Selbstkontrolle und die Kontrolle über das Meeting. Ein ausreichendes Maß an Selbstkontrolle sorgt dafür, dass man vernünftig und ruhig bleibt und nicht selbst zu einem Teil des Problems wird. Wenn man das Meeting – und nicht die Teilnehmer – unter Kontrolle halten will, gilt es:

einzugreifen, wenn die Diskussion vom Thema abschweift

zu klären, was noch nicht klar ist

die wesentlichen Punkte zusammenzufassen und ihren Zusammenhang zu schildern

Meinungsgegensätze oder Streit zu überwinden

Diskussionen zu einem Thema zu beenden und zum nächsten überzugehen.

Als Teilnehmer im Meeting

Als einfacher Teilnehmer haben Sie nicht so viel Kontrolle. Wenn einem der Verlauf des Meetings nicht gefällt, sollte man kurz innehalten und sich seine Gefühle näher ansehen. Was empfinden Sie? Sind Ihre Gefühle berechtigt? Sollten Sie sie äußern? Lassen Sie das eigene Verhalten noch einmal Revue passieren und ändern Sie es, falls nötig:

Falls Sie zu viel reden, dann geben Sie jetzt anderen eine Chance, sich zu äußern.

Hören Sie aufmerksam zu und vertreten Sie gegebenenfalls Ihren Standpunkt.

Wenn Sie anderen Teilnehmern oder dem Vorsitzenden widersprochen haben, dann könnten Sie Ihre Taktik ändern und beginnen, eine eher unterstützende Rolle zu spielen.

Versuchen Sie unter der Mitwirkung anderer Teilnehmer das Thema zu ändern; weisen Sie den Vorsitzenden auf die Schwierigkeit hin oder sprechen Sie sie selber an, sodass alle sich dazu äußern können.

Wenn Ihnen der Verlauf des Meetings nicht gefällt, können Sie dreierlei tun:

Sie können weggehen.

Sie können es akzeptieren und sich anpassen.

Sie können es ändern.

Fallstudie: das 10-Punkte-Programm der eigenen Situation anpassen

Die 10 Punkte sind die Grundlage, auf der man eine eigene Struktur aufbauen kann.

Nun stehen uns die Mittel zur Verfügung, mit denen man heikle Situationen mit schwierigen Menschen meistern kann: Wir können jetzt eine Liste der Dinge erstellen, die wir tun und lassen sollten. Wir verfügen über das 10-Punkte-Programm, das sich in jeder Diskussion anwenden lässt, und über die Mittel und Wege, diese Punkte unseren eigenen Bedürfnissen und der Beziehung zur betreffenden Person anzupassen. Wir wollen diese Instrumente nun für uns arbeiten lassen.

Das Drehbuch

Mal angenommen, Ihr Arbeitsstil ist kooperativ; Sie sind ein Teamspieler, motiviert, neugierig und lösungsorientiert. Des Weiteren gehen wir davon aus, dass Sie sich Gedanken darüber gemacht haben, wie man die Kommunikation zwischen der Abteilung (Marketing), für die Sie arbeiten, und dem Vertrieb verbessern kann. Da beide Abteilungen aufs engste verzahnt arbeiten sollten, haben Sie einen Plan entwickelt, wie man das bewerkstelligen kann. Damit Sie ihn durchführen können, brauchen Sie das Engagement und die Unterstützung Ihrer Vorgesetzten. Aus Erfahrung wissen Sie, dass sie zwar sofort begeistert sein wird, aber dass das wenig Substanz hat, weil sie sich keine näheren Gedanken

gemacht hat. Sie aber brauchen ihren substanziellen Einsatz, damit Sie den Plan in der Chefetage durchsetzen können.

Beobachten Sie ihr Verhalten

Ihre Vorgesetzte ist mütterlich, im wahrsten Sinne des Wortes. Sie liebt ihre Mitarbeiter, und alle lieben sie; sie behandelt sie wie ihre Kinder. Sie bringt öfters Kuchen von zu Hause mit oder lädt ihre Mitarbeiter zum Mittagessen ein. Sie hört ihnen stundenlang zu, wenn sie das brauchen. Sie gibt gerne gute Ratschläge, schickt Menschen sofort nach Hause, wenn sie krank sind, und bietet sogar an, auf die Kinder aufzupassen. Aber es ist eine Katastrophe für sie, wenn einer ihrer Untergebenen einen Fehler macht, sie zeigt sich dann immer außergewöhnlich enttäuscht. Was Sie tun, findet sie allerdings immer großartig: »Ihre Idee ist sehr gut; wenn ich Ihnen irgendwie helfen kann ...« Aber dann ist sie schon wieder mit jemand anderem beschäftigt, mit seinem Problem, seiner Idee oder Bitte, und hat schon wieder ganz vergessen, was sie Ihnen gesagt hat. Bei Ihrem Plan brauchen Sie diesmal jedoch ein etwas dauerhafteres Engagement, denn sie muss Ihnen helfen, Ihre Idee durchzusetzen.

Sie wissen, dass es ihr schwer fällt, sich lange auf eine Sache zu konzentrieren, insbesondere wenn es sich um ein kompliziertes oder detailreiches Thema handelt. In der Abteilung macht man darüber sogar Witze. Es wird jedoch eine Weile dauern, ihr den Plan zu erläutern, und Sie sehen ihre Aufmerksamkeit vor Ihrem geistigen Auge bereits erlahmen. Es stellt sich also die Frage, wie Sie ihre Aufmerksamkeit so lange fesseln, bis Sie Ihren Plan erläutert haben.

Die Bedürfnisse erkennen

Wie wir bereits gesehen haben, ist Ihre Vorgesetzte der mütterliche Typ:

Einstellung: reaktiv (unschlüssig) + fürsorglich

Verhaltensweisen: trifft lieber keine Entscheidungen, fürchtet sich vor der Wut anderer, scheut sich davor, die Leitung zu übernehmen; ist gerne Mitglied eines Teams; lässt anderen das Lob; erzählt anderen mehr, als diese wissen wollen oder müssen; ist schnell verletzt

Bedürfnisse: Akzeptanz/Zugehörigkeit

Ihre Vorgesetzte befindet sich in Maslows Pyramide auf der Ebene »Akzeptanz/Zugehörigkeit«. Ihr Verhalten zeigt, dass sie Gemeinschaft, Liebe, Wärme, die Unterstützung anderer, harmonische Beziehungen, Freundschaft und die Zugehörigkeit zu einer Gruppe oder einem Team braucht.

Man sollte allerdings nicht meinen, dass dies ihre einzigen Bedürfnisse wären. Obwohl Maslows Pyramide ein effektives Instrument ist, die wichtigsten Triebfedern eines Menschen zu verstehen, wäre es dennoch falsch, diese Bedürfnisse für die einzigen zu halten, die er hat.

Passen Sie Ihr Vorgehen an ihre Bedürfnisse an

Obwohl Ihre Vorgesetzte mütterlich handelt, ist sie natürlich nicht Ihre Mutter. Und außerdem bedeutet mütterliches Verhalten nicht, dass sie schwach oder unfähig wäre. Sie erreichen Ihr Ziel also nicht damit, sich wie ein Kind zu gebärden, das um einen Gefallen bittet – ganz abgesehen davon, dass das nicht gerade professionell wäre.

Zeigen Sie Respekt, aber übertreiben Sie es nicht. Bleiben Sie sachlich und konzentrieren Sie sich auf das Thema. Wichtig ist, dass Sie die Bedürfnisse Ihrer Chefin von vornherein in den Plan einbauen und auf sie eingehen; am besten appellieren Sie an ihren Wunsch, die harmonische Beziehungen zu Ihnen aufrecht zu erhalten und Sie zu unterstützen.

Im Idealfall betrachtet der Betreffende die von Ihnen angesprochenen Vorteile eines Plans als die wichtigsten Argumente und lässt sich genau aus diesen Gründen darauf ein.

Schildern Sie die Vorteile

Vorteile beantworten die Frage: »Und was habe ich davon?« oder »Wie befriedigt das meine Bedürfnisse?« Anders gefragt: Weshalb sollte Ihre Vorgesetzte den Vorschlag unterstützen? Hier ein paar Gründe, die Sie aufführen könnten:

Wenn der Vertrieb und das Marketing besser zusammenarbeiten, profitiert die ganze Firma davon. Wenn sie Ihren Plan unterstützt, wird sie der Firma diesen Vorteil sichern.

Andere Mitarbeiter sind ebenfalls Ihrer Meinung und werden sie daher bei ihren Bemühungen unterstützen, den Plan durchzuführen. Man wird sie als Teamspielerin wahrnehmen, weil sie die Pläne des Teams fördert.

Der Plan ist gut für die Firma, für ihre Mitarbeiter, für die beiden Abteilungen und für die Kunden. Indem sie den Plan unterstützt, werden alle davon profitieren.

Die Chefetage wird ihre Abteilung loben (nicht sie, sondern ihr Team!).

Lassen Sie die betreffende Person selber schildern, wie er oder sie davon profitieren wird

Ermutigen Sie Ihre Vorgesetzte, Ihnen die Vorteile des Plans zu schildern, und wie alle Beteiligten davon profitieren werden. Sie wird wahrscheinlich nicht von sich, sondern von der Abteilung reden. Ein anderer Persönlichkeitstyp würde das Lob vielleicht für sich in Anspruch nehmen wollen, aber dieser Typus wird sich in der Kreativität und dem Erfolg seines Teams sonnen wollen. Wenn Sie die Vorteile überzeugend dargestellt haben, wird sie nun ihre eigene Version eben dieser Vorteile wiedergeben. So könnte sie beispielsweise folgende Argumente wiederholen:

Die Firma profitiert von der besseren Zusammenarbeit zwischen ihrer Abteilung und dem Vertrieb.

Sie erntet die Zustimmung, den Respekt und die Bewunderung ihres Teams, indem sie seine Pläne unterstützt.

Die Chefetage wird die Abteilung wahrscheinlich loben und möglicherweise sogar belohnen, weil sie innovativ denkt und auf Zusammenarbeit setzt.

Sorgen Sie für offenes und effektives Feed-back

Zu den meisten Interaktionen am Arbeitsplatz gehört Feed-back. Das will gelernt sein. Abhängig von der Ausrichtung lässt offenes und effektives Feed-back sich auf dreierlei Weise erzielen:

Individuell: persönliches Feed-back
präzise, auf den Punkt

nur das Verhalten, die Handlungen oder die Einstellung ansprechend

Spezifisch: Verhaltens- oder Handlungs-Feed-back
Kritik oder Lob für bestimmtes Verhalten oder bestimmte Aktivität

es geht um die Sache, nicht um die Person

Fristgerecht: Feed-back im richtigen Moment
nur unmittelbar nach dem Ereignis oder Verhalten

nie auf das nächste Mal warten

Feed-back ist angebracht, wenn:
jemand darum bittet

Probleme sonst nicht gelöst werden

Fehler wiederholt auftreten

die Leistungen eines Mitarbeiters die Erwartung nicht erfüllen

das Verhalten eines Kollegen oder Ihres Vorgesetzten Sie stört

die Leistungen überprüft werden

eine informelles Meeting stattfindet.

Feed-back entgegennehmen

Von anderen Feed-back entgegenzunehmen, ist kein passiver Vorgang. Fragen Sie sich Folgendes, wenn Sie Feed-back empfangen:

Will ich etwas Neues über andere Menschen, Orte und Dinge erfahren?

Interessiert mich die Meinung meines Vorgesetzten zu meiner Fähigkeit, ihm und anderen zuzuhören?

Versuche ich, das Wesentliche aus den Argumenten meines Gegenübers herauszuhören?

Tue ich mein Bestes, andere nicht zu unterbrechen, auch wenn ich etwas Wichtiges zu sagen habe?

Unterdrücke ich die Neigung, Sätze von anderen zu vervollständigen?

Beachte ich die Gefühle des anderen genauso wie seine Worte?

Lasse ich mich von Vorurteilen beeinflussen?

Was könnte ich noch tun?

Kann ich aussteigen?

Wer könnte mir helfen?

6

Optionen

Rechte

Die eigene Antwort

Schlussfolgerungen

Welche Optionen stehen Ihnen offen?

Manchmal kommt man an den Punkt, an dem man alle Techniken und Ideen ausprobiert hat und ziemlich verzweifelt ist. Was nun? Gibt es wirklich keine Optionen mehr? Aber sicher doch. Egal, in welcher Situation Sie sich befinden, es gibt immer eine Alternative – immer.

Was, wenn die Instrumente und Fähigkeiten, mit denen wir uns bisher befasst haben, nicht funktionieren? Was, wenn man das Buch gelesen und alle Techniken ausprobiert hat, und alles nichts genützt hat? Sie kommen immer noch nicht mit Ihrem Vorgesetzten, Kollegen oder Mitarbeiter aus. Der Stress ist nicht verschwunden. Haben Sie in dieser Situation noch eine Option? Und wenn ja, welche? Nun, im Wesentlichen könnte man

die Lage so akzeptieren, wie sie ist, und sich anpassen

etwas ändern

kündigen.

Wie mit der Situation umgehen?

Menschen reagieren unterschiedlich auf ein und dieselbe Situation. Aufgrund ihrer Bedürfnisse und ihrer Verhaltensweisen tendieren folgende Grundtypen in einer »ausweglosen« Lage dazu:

Die Lage zu akzeptieren und sich anzupassen

Für diese Option wird sich wohl am ehesten jemand entscheiden, der REAKTIV (PASSIV) + NICHT FÜRSORGLICH ist. Diese Menschen möchten keine Wellen schlagen und keine Aufmerksamkeit wecken und neigen daher dazu, den Weg des geringsten Widerstands zu gehen, nachzugeben und in Stille zu leiden. Sie werden keinesfalls aktiv werden oder gar aus dem Zimmer stürmen.

Etwas zu ändern

Am ehesten wird wohl der PROAKTIVE (ENTSCHLUSSKRÄFTIGE) + FÜRSORGLICHE Typus versuchen, etwas an der gegenwärtigen Lage zu ändern. Diese Menschen sind dankbar für die Herausforderung und geben ihr Bestes. Sie sind gerne bereit, die Sache mit anderen durchzusprechen, ihre Position selbstbewusst zu vertreten und zuzuhören. Diese Menschen geben nicht nach oder auf, bis sie alles getan haben, was sie tun konnten.

Kündigen

Wer PROAKTIV (DOMINANT) + NICHT FÜRSORGLICH ist, neigt am ehesten dazu, seine Koffer zu packen und zu gehen. Wenn diese Menschen das Spiel nicht nach ihren Regeln spielen können, dann spielen Sie nicht mehr mit. Abhängig von den zu erwartenden Resultaten kämpfen sie oder wechseln den Job; aber sie werden auf keinen Fall bleiben, wenn sie kuschen müssen.

Akzeptieren und sich anpassen

Vielleicht sind Sie schon so in die Umstände verstrickt, dass Sie keine Alternative mehr haben, oder Ihre Probleme mit Ihrem Vorgesetzten oder Kollegen sind derart groß, dass Sie nicht mehr über die emotionalen Reserven verfügen, mit denen Sie die Angelegenheit lösen könnten. In diesem Fall glauben Sie vielleicht, das Ganze nur noch mit einem Lächeln ertragen zu können oder aufgeben zu müssen.

Es mit einem Lächeln ertragen

Wenn Sie es mit einem Lächeln ertragen könnten, würden Sie das wahrscheinlich schon tun. Da Ihnen das aber bis jetzt nicht gelungen ist, ist es eher unwahrscheinlich, dass sich die Lage in Zukunft bessern wird.

Könnten Sie die Situation jedoch anders betrachten und die Lage so akzeptieren, wie sie ist, dann bräuchten Sie den Job vielleicht nicht zu wechseln. Sie müssten dann nicht die damit verbundenen Risiken eingehen. Und Sie könnten auch die Sympathie derer wecken, die wissen, was Sie durchmachen, wenn Sie bleiben. Außerdem schlagen Sie keine Wellen. Aber das hat natürlich einen Preis: körperlicher und emotionaler Stress, zum Beispiel. Außerdem leidet die Selbstachtung. Wer sich als »Fußmatte« missbraucht fühlt, dessen Produktivität und Kreativität geht der Firma verloren.

Wenn Sie es sich nicht leisten können, den Job zu verlieren, dann ist das zwar ein legitimer Grund zu bleiben, aber Sie dürften es dennoch schwer haben mit dem Gefühl, Sie würden sich verkaufen. Auch wenn man seine Integrität und Selbstachtung nicht zu Hause lassen will, kann man die Situation manchmal durchaus mit einem Lächeln über sich ergehen lassen. Vielleicht nicht auf Dauer. Man kann sich einer schwierigen Situation oder dem Verhalten einer schwierigen Person eben nur für einen gewissen Zeitraum anpassen, dann muss man etwas ändern.

Die innere Kündigung

Die innere Kündigung ist zwar ein Ausweg, aber irgendwann fällt es auf, dass Sie nur noch körperlich anwesend sind. Wer nur noch Dienst nach Vorschrift schiebt, liefert damit vielleicht einen Vorwand für seine Entlassung. Die gute Nachricht lautet, dass es vielleicht gar nicht auffällt und Sie diese Zeit nutzen können, eine neue Zukunft zu planen. Die schlechte Nachricht stammt wieder aus dem Gewissen, das vielleicht sagt, es sei nicht richtig, für schlechte Dienste so gut bezahlt zu werden.

Man kann auch diese Option nur eine gewisse Zeit durchhalten, bis man seine Arbeitssituation bereinigt hat. Die innere Kündigung bietet auf Dauer keine Lösung.

Etwas ändern

Was Sie ändern können? Ihre Einstellung, Ihr Verhalten, den Schreibtisch, Ihren Job, die Firma. Den größten Einfluss haben Sie natürlich auf Ihre Einstellung.

Vielleicht sind Sie, was die Lösung einer schwierigen Situation betrifft, am Ende Ihres Lateins. Das bedeutet allerdings noch lange nicht, das Sie nichts mehr tun könnten.

Bitten Sie andere um Hilfe

Falls fest steht, dass Ihr Gegenüber die Schwierigkeiten in der Arbeitsbeziehung verursacht und dass er Hilfe braucht, könnten Sie formelle Schritte unternehmen, sie ihm auch zu verschaffen. Handelt es sich um einen Untergebenen oder Kollegen, dann könnten Sie sich zunächst an Ihren direkten Vorgesetzten wenden, denn unabhängig davon, um wen es sich handelt, es geht ihn etwas an. Und gemeinsam finden sie wahrscheinlich auch die richtige Hilfe und können den Betreffenden davon überzeugen, sie in Anspruch zu nehmen. Handelt es sich jedoch um Ihren Vorgesetzten, dann könnten Sie sich an die Personalabteilung oder an seinen Chef wenden – wobei Sie immer ausdrücklich darauf hinweisen sollten, dass Sie sich Sorgen um ihn machen und es sich nicht um Rache oder um eine persönliche Feindschaft handelt. Die Personalabteilung weiß sicherlich, wo man ihm helfen kann. Außerdem kann man Ihren Chef dort zwingen, sich helfen zu lassen, oder aber man kann eine höhere Stelle beeinflussen, die ihn zwingen kann.

Sich an höhere Stellen wenden

Dass es vielleicht ein Risiko ist, sich an eine höhere Stelle zu wenden, heißt noch nicht, dass es nicht manchmal eine außerordentlich nützliche Taktik wäre. Wenn Sie nicht mehr ein noch aus wissen, dann ist der unmittelbare Vorgesetzte der korrekte, erste Ansprechpartner. Ein guter Manager wird Ihnen daraufhin entweder eine neue Sicht der Situation vermitteln oder die Sache selber in die Hand nehmen. Auch wenn Sie Manager sind und in Ihrem Team Schwierigkeiten haben, kann Ihr Vorgesetzter Ihnen durchaus helfen – er könnte Ihnen auf Grund eigener Erfahrungen vielleicht neue Vorschläge machen. Oder aber Sie beraten sich mit jemand anderem, zu dem Sie eine gute Beziehung haben. Dabei geht es nicht darum, den Schwarzen Peter loszuwerden, sondern darum, Rat von jemandem zu erhalten, der diesen Kampf schon länger kämpft.

Die Folgen

Ist Ihr Chef die Ursache Ihres Elends, dann könnten Sie ihn natürlich damit konfrontieren. Aber das dürfte nicht nur schwierig und ein Risiko sein, sondern es könnte auch auf Sie zurückfallen. Sie könnten natürlich zu seinem Vorgesetzten gehen, aber dieser könnte sich weigern, mit Ihnen zu sprechen, solange Sie nicht mit Ihrem direkten Chef geredet und die Angelegenheit schriftlich formuliert haben. Eine Zwickmühle, ganz abgesehen von dem Risiko. Es könnte Folgen haben, wenn Sie sich über den Kopf Ihres direkten Vorgesetzten hinweg an seinen Chef wenden, insbesondere wenn Sie dort eine ernste Beschwerde vorbringen, beispielsweise wegen Belästigung oder Diebstahl. Sie müssen vielleicht befürchten, dass, ganz egal was Sie tun, es gegen Sie verwendet wird – und das ist nicht abwegig. In manchen Firmen hat ein Mitarbeiter, dessen Vorgesetzter eine Situation nicht befriedigend lösen kann, das Recht, sich an die Personalabteilung oder dessen Chef zu wenden. Das ist jedoch nicht überall der Fall, und selbst wenn doch, ist eine solche Politik nicht leicht umzusetzen und kann auch nicht alle Befürchtungen beseitigen.

Wie kann Ihr Chef sich an Ihnen rächen, ohne dass Sie das nachweisen können, weil Sie über ihn hinweggegangen sind? Denn Sie können sicher sein, dass er auf Sie losgehen wird, wenn Sie sich bei seinem Chef über ihn beschweren, wobei er natürlich vor allem subtile Mittel und Wege benutzen wird, die man schwer nachweisen kann. So könnte er zum Beispiel Ihre Arbeitsbelastung steigern, Ihnen Fristen setzen, die Sie nicht einhalten können, oder Ihnen die Verantwortung für Projekte übertragen, die einfach zu groß für Sie sind – anders gesagt: Er sorgt für Ihr Scheitern.

Teilen Sie Ihr Problem

Wenn Sie dem Management jedoch trauen können, sollten Sie sich unbedingt an eine höhere Stelle wenden. Es ist eher unwahrscheinlich, dass man in der Chefetage weiß, was los ist, denn dort kann man es ja nur dann wissen, wenn jemand seine Angst überwindet, das Risiko eingeht und mit den betreffenden Personen redet. Auf jeden Fall wird Ihnen hinterher eine riesige Last von den Schultern fallen. Manchmal ist allein das die Sache schon wert.

Es gibt vier Möglichkeiten, etwas zu ändern: Sie können die Quelle des Problems entfernen, eine Beschwerde einreichen, die Sache vors Gericht oder an die Öffentlichkeit bringen. Das hat jeweils Vor- und Nachteile.

Die Quelle des Problems beseitigen

Wie sorgt man am besten dafür, dass derjenige, der einem das Leben zum Albtraum macht, gefeuert wird? Bei einem Untergebenen dürfte es nicht schwierig sein. Wenn man ihn insgeheim sabotiert, zu viel von ihm fordert, immer mehr Arbeit auf ihn ablädt und jeden Fehler gut dokumentiert, kommt man damit vielleicht sogar vor Gericht durch. Bei einem Kollegen könnte man anfangen, Gerüchte in die Welt zu setzen und jede Gelegenheit dazu zu nutzen, ihn beim Chef anzuschwärzen und bei allen, die es hören wollen. Oder man arrangiert es so, dass ein Vorgesetzter Zeuge jenes Fehlverhaltens wird. Bei einem Chef wird es allerdings schon schwieriger, aber nicht unmöglich; das hängt ganz von Ihrem Engagement ab. Sie können sich an seinen Vorgesetzten wenden, eine Beschwerde einreichen oder sich an die Personalabteilung wenden.

Es ist also möglich, aber wollen Sie das wirklich? Denn auch wenn es gute Gründe dafür gibt, den Betreffenden zu feuern: Wollen Sie Ihr Gewissen wirklich damit belasten?

Eine Entlassung ist eine ernste Angelegenheit, insbesondere wenn das Problem auch auf andere, konstruktivere Art und Weise hätte gelöst werden können. Denken Sie erst über alle anderen Möglichkeiten nach, bevor Sie diese anwenden.

Eine Beschwerde

In den meisten Firmen gibt es ein formales Verfahren, Beschwerden einzureichen. Wenden Sie sich gegebenenfalls an die Personalabteilung; dort erhalten Sie die Information, wie Sie in Ihrem Fall vorgehen müssen.

Bei manchen Firmen geht es ganz formlos zu, bei anderen gelten strenge Richtlinien. Meistens sind die Regeln einfach und klar, aber das heißt nicht, dass Ihnen die Beschwerde deshalb leichter fällt. Am besten bereitet man sich darauf vor, dass es schwierig wird: Wägen Sie die Vorteile und die Nachteile gegeneinander ab und achten Sie besonders auf die Unterstützung einer freundlichen, verständnisvollen Person im Hintergrund.

Bei anderen Firmen geht es förmlich zu. Bei einer sexuelle Belästigung muss der Manager beispielsweise zur Personalabteilung gehen und dort Bericht erstatten. Ist die förmliche Beschwerde erst eingereicht, muss die Personalabteilung einem detailliert ausgearbeiteten Verfahren folgen.

Ist eine Beschwerde gegen einen Kollegen oder Vorgesetzten gerechtfertigt, so kann das dazu führen, dass dieser entlassen wird. Obwohl es sich hier um eine ernste Konsequenz handelt, ist es dennoch legitim, bei entsprechend unangenehmem Verhalten auf eine Entlassung hinzuwirken.

Juristische Schritte

Wenn das alles nicht funktioniert hat, Sie vom Management keine Unterstützung bekommen, Sie keinen anderen Job finden können – oder es sich nicht leisten können, Ihren derzeitigen zu verlieren – dann könnten juristische Schritte der letzte Weg sein, der Ihnen offen steht.

Diese muss man allerdings sorgfältig abwägen. Leiten Sie nur dann juristische Schritte ein, wenn die Situation unerträglich ist – wenn Sie dauernd belästigt oder diskriminiert werden.

Jemanden vor Gericht zu schleppen, der einem das Leben schwer macht, oder seine Firma zu verklagen, ist eine komplizierte Angelegenheit mit vielen unwägbaren Konsequenzen. Zunächst ist es teuer, zumal sich manche Kosten anfangs nicht einmal einschätzen lassen.

Außerdem sind Gerichtsverhandlungen, sofern es dazu kommt, eine zeitraubende Angelegenheit, die schon bei der Vorbereitung eine Menge Papierkrieg – ganz abgesehen von den endlosen Stunden im Gerichtssaal – erfordert. Das Ganze verursacht viel Stress.

Auch wenn Sie gewinnen, könnte es schwer für Sie werden, vor allem, wenn Sie an Ihre Arbeitsstelle zurückkehren wollen. Verlieren Sie, dann können Sie nicht mal mehr zurück; dann haben Sie viel Geld ausgegeben und sind Ihren Job los. Sie müssen sich also zu Anfang fragen: »Will ich das riskieren?«

An die Öffentlichkeit gehen

Nachdem Ihre Beschwerde nichts genutzt hat, möchten Sie vielleicht »an die Öffentlichkeit«. Aber das können Sie sich sparen, es sei denn, Sie können jede Behauptung mit konkreten Beweisen belegen.

Wer an die Öffentlichkeit geht, stellt seinen Chef oder seine Kollegen in den Medien oder bei den zuständigen Behörden bloß. Das kostet Zeit und Geld und bedeutet eine Menge Stress.

»Öffentliche Bloßstellung« kommt nur als letzter Ausweg in Betracht und nur in sehr ernsten Situationen, bei unmoralischem oder illegalem Verhalten beispielsweise.

Fakten, Fakten, Fakten

Egal, für welche Option man sich entscheidet, man sollte zuvor seine Hausaufgaben gemacht haben. Führen Sie genau Buch über das, was geschieht und wer was unter welchen Umständen gesagt hat.

Fixieren Sie alles, was Sie tun oder sagen, schriftlich und mit Datum. Heben Sie eine Kopie Ihres gesamten Schriftverkehrs auf.

Bitten Sie vertrauenswürdige Beobachter, die Ereignisse zu bezeugen, von denen Sie sprechen; falls möglich schriftlich, mit Datum und Unterschrift.

Kündigen

»Wenn es wirklich hart wird,« heißt es, »legen die Harten erst richtig los.« Wenn Sie das Gefühl haben, dies wäre die einzige Alternative, die Sie noch haben, dann sollten Sie die Vor- und Nachteile noch mal sorgfältig überdenken.

Das Umfeld zu verlassen, das Ihnen so große Schwierigkeiten bereitet, ist vielleicht keine schlechte Idee. Viele Firmen erleichtern es heute den eigenen Mitarbeitern, sich intern zu bewerben.

Wenn Sie die Kraft und die Geduld aufbringen können, auf eine geeignete Position in der Firma zu warten, könnte Ihnen das durchaus Vorteile bringen. Liegen die Wurzeln Ihrer Probleme in der Persönlichkeit des Betreffenden, dann ist ein solcher Wechsel manchmal der einzige Ausweg. Natürlich muss sich später Ihr Nachfolger womöglich mit dem gleichen Problem rumschlagen. Wenn Sie bei Ihrer jetzigen Firma bleiben wollen, kann das Ihre Laufbahn ändern oder sogar einen Karriereknick verursachen. Sind Sie jedoch bereit, sich auf einen ganz anderen Arbeitsbereich einzulassen – abhängig natürlich von der Größe und den Möglichkeiten der Firma, für die Sie arbeiten – dann könnte der Wechsel Ihnen völlig neue Möglichkeiten eröffnen, an die Sie bisher noch nicht gedacht haben. Den Job innerhalb der Firma zu wechseln, zeigt Reife und Ausdauer, und Sie unterbrechen die Zeiten für die Betriebsrente nicht. Vielleicht entpuppt es sich als das Beste, was Sie jemals getan haben.

Die Firma verlassen

Jeder Profi sollte einen aktuellen Lebenslauf zur Hand haben. Man weiß nie, wann etwas einen davon überzeugt, dass es nun an der Zeit sei, den Job zu wechseln.

Sie müssen darauf vorbereitet sein, einem potenziellen Arbeitgeber zu erzählen, weshalb Sie Ihren jetzigen Job verlassen. Obwohl Sie nicht gezwungen sind, »die ganze Wahrheit und nichts als die Wahrheit« zu erzählen, fahren Sie doch besser damit, zumindest einen Teil der Wahrheit zu erzählen, ohne den ganzen Albtraum im Detail zu schildern. Es ist auf jeden Fall in Ordnung, etwa Folgendes zu sagen: »Ich glaube, dass mein gegenwärtiger Arbeitsplatz nicht weiterhin förderlich für meine Laufbahn ist.« Das ist keine Lüge. Wenn Ihr Gegenüber nachbohrt, müssen Sie selbst entscheiden, wie weit Sie ins Detail gehen möchten.

Ihr Gegenüber dürfte nicht an den Einzelheiten Ihrer persönlichen Konflikte mit einem Kollegen oder Ihren Vorgesetzten interessiert sein. Er könnte allerdings sehr wohl daran interessiert sein, wie gut Sie mit einer schwierigen Situation umgegangen sind.

KÜNDIGEN ODER NICHT

Manchmal ist es leichter, sich auf etwas festzulegen, wenn man die Vor- und Nachteile abwägt. Hier eine Übersicht:

VORTEILE EINER KÜNDIGUNG

- Sie verlassen das Umfeld, das Ihnen Schwierigkeiten bereitet.
- Sie haben die Möglichkeit, Ihre Karriere an anderer Stelle in der Firma fortzusetzen.
- Sie ziehen an einen anderen Ort.
- Sie bewahren Ihre Integrität.
- Sie machen einen neuen Anfang.

NACHTEILE EINER KÜNDIGUNG

- Angst vor dem Unbekannten.
- Ein möglicher Karriereknick.
- Sie sind gezwungen umzuziehen.
- Sie haben das Gefühl, ein Verlierer zu sein.
- Sie verlieren möglicherweise den Respekt Ihrer Kollegen.

Schlussfolgerung

Solange Sie mit anderen Leuten zusammenarbeiten, werden Sie es immer mit dem einen oder anderen schwierigen Menschen zu tun haben. Auch wenn dieses Buch Ihnen wertvolle Mittel an die Hand gegeben hat, besser mit ihnen umzugehen, steht das wichtigste Mittel Ihnen von jeher zur Verfügung: Ihre Fähigkeit zu entscheiden, wie Sie mit einer Situation oder Person umgehen wollen.

Schwierige Menschen gehören zum Leben, das ist unvermeidlich. Auch nach einem Buch voller praktischer Ratschläge, wie man die Zusammenarbeit mit ihnen überlebt, fragen Sie sich vielleicht noch: »Weshalb verhalten diese Menschen sich nur so?« Auf diese Frage gibt es viele Antworten, ebenso viele, wie es schwierige Menschen gibt. Wer sein Gedächtnis in dieser Hinsicht auffrischen möchte, könnte noch einmal das erste Kapitel lesen. Manchmal ist es einfacher, das Verhalten von schwierigen Menschen zu verstehen, wenn man weiß, weshalb sie so handeln.

Dieses Thema behandelt das Buch am Anfang: »Was ist eigentlich ein schwieriger Mensch, und weshalb verhält er sich so?« Meistens liegen die Gründe nicht auf der Hand, es sei denn, der Betreffende hat sie Ihnen erzählt. Das erste Kapitel nennt einige Gründe, aber es gibt natürlich noch viele andere. Allerdings bleibt das, was unter der Oberfläche liegt, uns meistens verborgen. Wir sehen lediglich das Verhalten.

Im zweiten Kapitel haben wir uns mit den Einstellungen und dem Verhalten befasst, mit dem man potenziell explosive Situationen entschärfen kann. Der wichtigste Punkt lautet: »Das ist nicht mein Problem.« Der Rest ist einfach: In der inneren Mitte bleiben, entscheiden, wie man reagiert, Fragen stellen, selbstbewusst sein, verhandeln, die Luft rauslassen, Konfliktlösungstechniken anwenden und, wenn das immer noch nichts nutzt, eine Pause einlegen.

Was man in der Hitze des Gefechts tun soll, ist genauso wichtig wie das, was man lassen soll. Wenn man in dieser Hinsicht alles vermeidet, was man vermeiden kann, verschlimmert man die Situation auf jeden Fall nicht. Wenn Sie die Vorschläge aus dem zweiten und dritten Kapitel bereits anwenden und die Lage in den Griff bekommen, dann sind die verfeinerten Techniken aus den späteren Kapiteln weitaus effektiver.

Das 10-Punkte-Programm bildet das Kernstück des Buches. Die einzelnen Schritte sind vernünftig und liegen auf der Hand, aber es ist erstaunlich, wie wenig Menschen auf diese Art und Weise an einen Streit herangehen.

Passt man das 10-Punkte-Programm überdies noch den Bedürfnissen seines Gegenübers an, so verschafft man sich einen Vorteil, den wenige Menschen haben. Wer das Konzept, wie man durch sein Verhalten Bedürfnisse befriedigt, verstanden hat, kann mit fast allen Menschen und Situationen umgehen. Niemand gibt gerne zu, versagt zu haben, aber zu glauben, man könnte nicht versagen, wäre unrealistisch. Im letzten Kapitel geht es genau darum: Was man tun kann, wenn man schon alles getan hat – akzeptieren und sich anpassen, etwas verändern oder weggehen.

Stichwortverzeichnis